民法典高职系列教材
审定委员会

民法典高职系列教材

总主编◎万安中　副总主编◎王　亮

民法原理与实务
物权编

MINFA YUANLI YU SHIWU
WUQUAN BIAN

主　编◎邓　岩

副主编◎熊小琼　欧　滔

撰稿人◎（按撰写单元顺序）

邓　岩　宇麒潼　邓晰哲

欧　滔　熊小琼

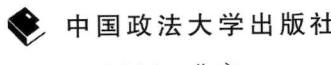
中国政法大学出版社

2021·北京

图书在版编目（ＣＩＰ）数据

民法原理与实务. 物权编/邓岩主编. —北京：中国政法大学出版社，2021.8
ISBN 978-7-5764-0092-2

Ⅰ.①民…　Ⅱ.①邓…　Ⅲ.①物权法－中国－高等职业教育－教材　Ⅳ.①D923.25

中国版本图书馆CIP数据核字(2021)第173452号

书　　名	民法原理与实务：物权编
出　版　者	中国政法大学出版社
地　　址	北京市海淀区西土城路 25 号
邮　　箱	fadapress@163.com
网　　址	http://www.cuplpress.com（网络实名：中国政法大学出版社）
电　　话	010-58908435(第一编辑部) 58908334(邮购部)
承　　印	保定市中画美凯印刷有限公司
开　　本	787mm×1092mm　1/16
印　　张	7.5
字　　数	143 千字
版　　次	2021 年 8 月第 1 版
印　　次	2021 年 8 月第 1 次印刷
印　　数	1~5000 册
定　　价	29.00 元

Preface

总 序

　　高等法律职业化教育已成为社会的广泛共识。2008 年，由中央政法委等 15 部委联合启动的全国政法干警招录体制改革试点工作，更成为中国法律职业化教育发展的里程碑。这也必将带来高等法律职业教育人才培养机制的深层次变革。顺应时代法治发展需要，培养高素质、技能型的法律职业人才，是高等法律职业教育亟待破解的重大实践课题。

　　目前，受高等职业教育大趋势的牵引、拉动，我国高等法律职业教育开始了教育观念和人才培养模式的重塑。改革传统的理论灌输型学科教学模式，吸收、内化"校企合作、工学结合"的高等职业教育办学理念，从办学"基因"——专业建设、课程设置上"颠覆"教学模式："校警合作"办专业，以"工作过程导向"为基点，设计开发课程，探索出了富有成效的法律职业化教学之路。为积累教学经验、深化教学改革、凝塑教育成果，我们着手推出"基于工作过程导向系统化"的法律职业系列教材。

　　《国家中长期教育改革和发展规划纲要（2010~2020 年）》明确指出，高等教育要注重知行统一，坚持教育教学与生产劳动、社会实践相结合。该系列教材的一个重要出发点就是尝试为高等法律职业教育在"知"与"行"之间搭建平台，努力对法律教育如何职业化这一教育课题进行研究、破解。在编排形式上，打破了传统篇、章、节的体例，以司法行政工作的法律应用过程为学习单元设计体例，以职业岗位的真实任务为基础，突出职业核心技能的培养；在内容设计上，改变传统历史、原则、概念的理论型解读，采取"教、学、练、训"一体化的编写模式。以案例等导出问题，根据内容设计相应的情境训练，将相关原理与实操训练有机地结合，围绕关键知识点引入相关实例，归纳总结理论，分析判断解决问题的途径，充分展现法律职业活动的演进过程和应用法律的流程。

法律的生命不在于逻辑，而在于实践。法律职业化教育之舟只有驶入法律实践的海洋当中，才能激发出勃勃生机。在以高等职业教育实践性教学改革为平台进行法律职业化教育改革的路径探索过程中，有一个不容忽视的现实问题：高等职业教育人才培养模式主要适用于机械工程制造等以"物"作为工作对象的职业领域，而法律职业教育主要针对的是司法机关、行政机关等以"人"作为工作对象的职业领域，这就要求在法律职业教育中对高等职业教育人才培养模式进行"辩证"地吸纳与深化，而不是简单、盲目地照搬照抄。我们所培养的人才不应是"无生命"的执法机器，而是有法律智慧、正义良知、训练有素的有生命的法律职业人员。但愿这套系列教材能为我国高等法律职业化教育改革作出有益的探索，为法律职业人才的培养提供宝贵的经验、借鉴。

2016 年 6 月

Foreword

前 言

　　《中华人民共和国民法典》于 2020 年 5 月 28 日十三届全国人大三次会议上高票通过，并将于 2021 年 1 月 1 日实施。这是中华人民共和国历史上首部以"法典"命名的法律。从此，我国进入了民法典时代。

　　2020 年 5 月 29 日，习近平总书记在十九届中央政治局第二十次集体学习时的讲话中指出：民法典在中国特色社会主义法律体系中具有重要地位，是一部固根本、稳预期、利长远的基础性法律，对推进全面依法治国、加快建设社会主义法治国家，对发展社会主义市场经济、巩固社会主义基本经济制度，对坚持以人民为中心的发展思想、依法维护人民权益、推动我国人权事业发展，对推进国家治理体系和治理能力现代化，都具有重大意义。要加强民法典重大意义的宣传教育，讲清楚实施好民法典。

　　高职法律院校肩负着讲清楚民法典的重大责任，以培养优秀的高职法律人才。为适应讲清楚民法典的需要，以如何处理民事纠纷为角度入手编写一部民法典教材，以便让学生迅速掌握民法典知识、更好地应对和解决民事纠纷就显得尤为重要。基于此，广东司法警官职业学院法律系组织教师进行了民法典系列教材的编写，将其命名为《民法原理与实务》，分五编撰写。本部分为《民法原理与实务：物权编》。

　　《民法原理与实务：物权编》共分五个学习单元。本教材凸显了以物权原理处理物权法律事务为核心的项目内容和课程体系的设计，每一个学习项目按照物权法律实务分析能力的要求来设计内容，整个课程体系内容反映了物权法律事务分析能力的要求，力求实现岗位能力与学习内容的融合。在此基础上，该教材进行了"教、学、做"一体化的"工学结合"的情境设计，根据"知识目标"和"能力目标"的培养要求，从"引例"入手，导入物权的基本理论知识，并紧随基本理论知识进行了"引例分析"，设计了"思考与练习""拓展阅读"等模块，从而形成了符合高职教育要求的完整的知识体系，体现了理论必需性、职业针对性的高职教育理念。

　　本教材由主编邓岩拟定编写提纲和编写计划，由熊小琼、欧滔、宇麒潼、邓晰哲参与了编写。具体编写分工如下（按撰写单元顺序）：

邓岩：单元一

宇麒潼、邓晰哲：单元二

欧滔：单元三

熊小琼：单元四、单元五

在本教材的立项、拟纲、编写过程中，得到了学院领导的大力支持，在此表示由衷的感谢。为圆满完成本教材的编写，编著者参阅和借鉴了有关学者和相关部门的研究成果和文献资料，在此对他们表示诚挚的谢忱！

由于编著者水平有限，不足和缺陷在所难免，恳请读者多提宝贵意见。

编　者

2021 年 6 月 26 日于广州

Contents
目 录

物权通则

人类的生存和发展，离不开对资源的利用，也就是要以对一定物质资料的支配和利用为前提。然而物质有限，人类的需求无限，需求与供给之间的紧张关系必然会导致各种争端的发生。因此我们需要在法律上建立一套关于物的归属和利用的制度，以定分止争。《中华人民共和国民法典》（简称《民法典》）将物权独立成编，并在第205条规定："本编调整因物的归属和利用产生的民事关系。"此条款阐述的就是《民法典》物权编的立法目的和物权制度的基本功能和意义。

知识目标

理解物权的概念、特征与分类；掌握物权的效力、物权变动的公示要求；熟悉所有权、用益物权与担保物权的主要内容与相关法律规定。

技能目标

能够在实务中准确判断一个民事纠纷是否属于物权纠纷，属于何种物权纠纷，应当如何正确地解决纠纷。

素质目标

通过对物权通则的学习，了解我国社会主义基本经济制度，树立物权平等保护理念。

引例

1. 甲有祖传玉器一件，乙、丙均欲购买之。甲先与乙达成协议以 5 万元价格出售予乙，双方约定，次日交货。丙知晓后，当晚即携款至甲处，欲以 6 万元价格购买，甲欣然应允，并立即交货付款。乙因要求甲交付玉器不得而与甲发生纠纷。问：

（1）本案中存在几个法律关系？其各自的效力如何？

（2）玉器的所有权应归谁？为什么？

2. 张三因移民加拿大，故而处理其在中国的财产。经友好协商，张三与李四于 7 月 6 日签署了财产转让协议，约定张三将自己的一栋房屋、一套家具及一辆轿车出售给李四，当天双方即办了房屋、家具、车辆的交接手续。7 月 10 日，双方先后到房产登记机关、车辆登记机关申请办理房屋过户登记、车辆过户登记。7 月 30 日，两登记机关分别将有关登记事项记载于登记簿。9 月 4 日，该房屋因故被拆除。10 月 6 日，李四到登记机关办理了房屋注销登记。试问：

　　（1）张三、李四之间的财产转让协议何时生效？

　　（2）李四何时取得房屋所有权，何时丧失房屋所有权？

　　（3）李四何时取得家具所有权？

　　（4）李四何时取得车辆所有权？

基本理论

项目一　物权概述

一、物权的概念

　　物权是大陆法系民法中一个相当抽象的概念，具有鲜明的大陆法系特征，在英美法系中不存在与之相对应的概念。1986 年我国在制定《民法通则》时并没有规定物权，直至 2007 年 3 月 16 日我国《物权法》正式出台，物权成为我国民法中的一个十分重要的概念，它与债权共同构成了我国财产权体系的两大基石。2020 年 5 月 28 日第十三届全国人民代表大会第三次会议通过了《民法典》，将物权独立成编，规定为第二编，并在第 205 条规定："本编调整因物的归属和利用产生的民事关系。"据此可以认为物权法律关系是因物的归属和利用在民事主体之间产生的权利义务关系；而物权则是法律将特定物归属于某权利主体，由其直接支配，享受其利益，并排除他人对此支配领域的侵害或干预的权利。[1]《民法典》第 114 条第 2 款采用概括加类型列举的方式对物权作出了一个立法定义："物权是权利人依法对特定的物享有直接支配和排他的权利，包括所有权、用益物权和担保物权。"

　　这一定义体现了物权具有如下几方面的特征：

　　第一，物权是绝对权。这是指物权的义务主体是权利人之外的不特定的一切人，因此物权也称对世权。物权的义务人所负的义务是消极义务，即只要不妨碍物权人行使权利即可。

　　第二，物权是支配权。这是指物权的权利人直接地支配权利客体物，不必依赖他人的帮助就能直接行使其权利，从而实现自己的利益。

　　第三，物权是排他权。由于物权为支配权，对同一标的物一般不能同时存在两个相同的支配力，所以物权具有排他性。换言之，在同一物上不能同时存在两个以上内容相抵触的物权。

　　第四，物权的内容是物权人享有物之利益。这是指物权人可以对物享有占有、使用、收益和处分中的一项或数项利益。换言之，物权人可以支配物的使用价值或交换

---

　　〔1〕　王泽鉴：《民法物权》，北京大学出版社 2009 年版，第 31 页。

价值，或对二者同时支配。

二、物权的客体

《民法典》第115条规定："物包括不动产和动产。法律规定权利作为物权客体的，依照其规定。"依此规定，作为物权法律关系客体的物，其原则上应该是有体物，包括动产和不动产。物权是权利主体对归属于自己的特定物所享有的权利，因而物权的客体应该是"特定的物"，如果客体不具体、不特定，该种权利则无从行使，也无从保护。

要注意的是，并非生活当中的一切物都可以成为物权的客体，作为物权客体的物必须具有如下特征：

第一，物必须存在于人身之外。人是享有独立人格的民事主体，其自身不能成为民事法律关系的客体，能作为民事法律关系客体的只能是存在于人身之外的物。

第二，物能够满足人们社会生活的需要。物只有具有一定的经济价值，能够满足人们的社会生活需要，人们才希望占有和使用它，才会为此建立一定的法律关系。

第三，物能够为人力所实际控制或支配。只有能为人所控制或支配的物，人们才能按照其意思，通过建立一定的民事法律关系来对其进行处分，才能以物为客体建立各种权利义务关系。

第四，物还应该具有一定的稀缺性。稀缺性是指相对于人的需求而言，物不能自由地、免费地、无条件地获取。例如，阳光和空气能满足人的需要，在通常情况下却不能成为民法中的物，原因在于它们是无限地供给的，不具有稀缺性。

实践中常见的物的种类有：

1. 不动产与动产。所谓不动产，指不能移动或一经移动即损害其使用价值的物，如土地及地上的定着物。所谓动产，则指可以移动且不会损害其使用价值的物，如汽车。

2. 主物和从物。根据两个物在效用方面的关系，可将物分为主物和从物。所谓主物，指具有主导地位并可独立发挥功能效用的物。所谓从物，指具有辅助主物的效用，且与主物属于同一主体，并不属于主物的成分。例如，汽车与备胎之间就是主物与从物的关系。

3. 原物与孳息。原物指能产生收益的物，孳息指原物孳生的收益。孳息分为天然孳息和法定孳息，前者指依据物的自然属性或用法而获得的收益，如母鸡所生的鸡蛋；后者指因法律关系所得的孳息，如存款所生的利息。

4. 特定物与不特定物。特定物指具有天然的独特特征或因当事人意思而具体指定的物，前者如徐悲鸿的奔马图，后者如商场中顾客挑选好的一件衣服。不特定物指当事人仅以种类、品质、数量等为标准抽象地指定的物，如10斤泰国香米、一部华为P30手机。

物权的客体主要是特定的物，但是在某些情况下，某些财产性的权利也可以成为物权的客体。例如，《民法典》第 440 条规定："债务人或者第三人有权处分的下列权利可以出质：（一）汇票、本票、支票；（二）债券、存款单；（三）仓单、提单；（四）可以转让的基金份额、股权；（五）可以转让的注册商标专用权、专利权、著作权等知识产权中的财产权；（六）现有的以及将有的应收账款；（七）法律、行政法规规定可以出质的其他财产权利。"在权利质权中，该物权的客体即为财产权利。

随着时代的发展，物权客体的内涵与外延也在扩大，比如说电力、热能、无线电频谱资源、网络虚拟财产等都已得到法律或司法实践的承认。例如，《民法典》第 127 条规定："法律对数据、网络虚拟财产的保护有规定的，依照其规定。"网络虚拟财产是指虚拟的网络本身以及存在于网络上的具有财产性的电磁记录，是一种能够用现有的度量标准来度量其价值的数字化的新型财产。网络虚拟财产作为一种新型财产，具有不同于现有财产类型的特点。网络虚拟财产属于特殊物，把网络虚拟财产归入特殊物，纳入物权保护范围，顺应了物权法律的发展趋势。

三、物权的效力

物权的效力是指法律赋予物权的强制作用力与保障力，它反映着法律保障物权人能够对客体进行支配并排除他人干涉的程度和范围。物权因其种类不同，其所具有的效力也各不相同，但是，各类物权又具有共同的特性，我们此处介绍的就是它们共同的效力。通说认为物权具有如下三大效力：

1. 物权的排他效力。物权的排他效力是指在同一标的物上不允许有两种以上不相容的物权同时存在，即"一物不容二主"。具体表现在：

（1）同一标的物上，不得同时成立两个以上的所有权，即物权法的"一物一权"原则。

（2）在一个特定物上存在法律上的所有权，但是当他人因取得时效或者善意取得制度而取得对该物的所有权时，先前的所有权将因此而消灭，并不得对抗后一个所有权。

（3）同一标的物上不得有其他同样以占有为内容的定限物权存在。例如，在一块土地上是不能同时设立两个土地承包经营权或同时设立两个建设用地使用权的，因为二者都包含占有土地的权利内容；而一物之上是可以共存两个以上抵押权的，因为抵押权不以占有抵押物为其权利内容。

（4）物权的排他效力有强弱之分。排他性最强的是所有权，其次是以占有为内容的他物权，最弱的是不以占有标的物为内容的他物权。

2. 物权的优先效力。即当同一标的物上有物权和债权同时存在时，物权优先于债权；当同一标的物上存在两个或两个以上可相容的物权时，成立在先的物权优先于成立在后的物权。

（1）物权优先于债权的效力。对于存在于同一物上的物权和债权，无论二者的成立顺序如何，物权均具有优先于债权的效力。因为物权在性质上属支配权，而债权在性质上属请求权，支配权的效力当然强于请求权。例如，在"一物二卖"的场合中，因交付或登记而先取得标的物所有权的人，其权利优先于未取得标的物所有权的债权人的权利（无论其债权发生在前或在后）。再比如，当担保物权与债权并存时，担保物权具有优先于债权的效力。在债权人依破产程序或强制执行程序行使其债权时，在债务人财产上成立的担保物权具有优先效力。

"物权优先于债权"之例外：《民法典》第725条规定："租赁物在承租人按照租赁合同占有期限内发生所有权变动的，不影响租赁合同的效力。"这就是所谓的"买卖不破租赁原则"。

（2）物权相互间的优先效力。根据物权的排他性原理，一物之上不能同时设立几个所有权，但可设多个性质不同、可相容的物权。在同一物上有多项可相容的物权并存时，应当根据物权设立的时间先后来确立优先效力，但法律另有规定的除外。例如，就同一物上设立了数个抵押权的，先设立的抵押权可优于后设立的抵押权得以实现。

3. 物权的追及效力。物权的追及效力又称物权的追及权，是指无论物权的标的物流转到何人之手，只要其未合法地取得标的物的所有权，物权人均有权要求占有人返还原物。物权的追及效力是由其绝对性所决定的，因为物权的义务主体并不局限于与其有直接交易关系的特定人，而是不特定的一切人，因此它具有对物的追及效力。例如，某甲有一辆自行车存放在朋友乙家，乙擅自将车借给丙使用，该车在丙使用的过程中又被丁偷走。那么甲作为自行车的所有权人，无论其自行车在乙、丙、丁何人之手，均可行使其追及权，要求他们返还原物。

但是物权的追及效力并不是绝对的，若第三人是善意有偿取得财产的，即构成民法上的善意取得，则物权的追及效力被切断，第三人可以取得财产的所有权，此时原物权人只能通过其他途径来获得救济。

四、物权的分类

（一）学理上的物权分类

1. 自物权和他物权。根据权利人与标的物关系的不同，物权可分为自物权和他物权。

自物权，即指权利人对自己所有的物依法进行全面支配的物权。"全面支配"是指既可以利用物的使用价值，又可以利用物的交换价值。只有所有权符合这一特征，故自物权就是所有权。因为自物权是对物的最全面的支配的权利，故又称完全物权。

他物权，是指权利人在他人之物上享有的被限定于某一特定方面、某一特定期间的物权。它是在所有权权能与所有人发生分离的基础上产生的、由非所有人对物享有的一定程度的支配权，具体包括用益物权和担保物权。因为他物权的权利人只能在限定的范围内对标的物进行支配，故又叫定限物权。

由于他物权是所有权人自愿地在自己的财产上设立的一种负担，使别人能够对自己的财产享有某些权利，故他物权的效力强于自物权。也就是定限物权的效力强于完全物权。

2. 用益物权和担保物权。根据设立目的的不同，物权可分为用益物权和担保物权。这是对他物权（定限物权）的进一步分类。

用益物权，是指以对标的物的使用和收益为目的而设立的他物权，如建设用地使用权、土地承包经营权、地役权等。担保物权是指为担保债权的实现而设立的他物权，如抵押权、质权等。换言之，用益物权支配的是他人之物的使用价值，而担保物权支配的是他人之物的交换价值。

3. 动产物权和不动产物权。根据物权标的物种类的不同，物权可分为动产物权和不动产物权。

动产物权是指以动产为标的物的物权。凡动产上存在的物权，如动产所有权、动产抵押权、动产质权、留置权等都为动产物权。不动产物权是指以不动产为标的物的物权，如不动产所有权、建设用地使用权、土地承包经营权等。

区分动产物权与不动产物权的主要意义在于，它们的公示方法、权利变动要件均不同。例如，原则上动产物权以占有为公示方法，而不动产物权以登记为公示方法。

4. 主物权和从物权。根据物权是否从属于其他物权而存在，物权可分为主物权与从物权。

主物权是指能够独立存在，不需要从属于其他权利的物权，如所有权、建设用地使用权等。从物权则是指从属于其他权利，并为所从属的权利服务的物权，如抵押权、留置权等。例如，抵押权人对债务人先享有了一个主债权，为了担保主债权能够得以实现而要求债务人提供抵押物，从而又对抵押物产生了抵押权。抵押权从属于主债权，并为所从属的主债权服务，担保主债权的实现。

（二）物权法上的分类

《民法典》第116条规定："物权的种类和内容，由法律规定。"此条款即物权法定主义之规定。根据此原则，物权的种类和内容均应以法律规定为限，不允许当事人任意创设和约定。

我国《民法典》将物权分为所有权、用益物权和担保物权三大类型：

1. 所有权。所有权是指财产所有人依法对其财产享有的占有、使用、收益、处分的权利。所有权是最基本、最完整的一类物权，是他物权产生的基础。所有权具有绝对性、全面支配性、整体性、弹力性、排他性和恒久性等特征。

我国所有权的类型包括国家所有权、集体所有权和私人所有权三种。《民法典》第

207条规定："国家、集体、私人的物权和其他权利人的物权受法律平等保护，任何组织或者个人不得侵犯。"这一条款体现了物权法对公、私财产的平等保护原则。故三者的区别主要在于权利主体和客体上的不同，如以下财产只能作为国家所有权的客体：矿藏、水流、海域，无线电频谱资源，国防资产等。

2. 用益物权。用益物权是他物权的一种，是指非所有人对他人之物所享有的占有、使用、收益的排他性的权利。根据《民法典》的规定，我国的用益物权包括土地承包经营权、建设用地使用权、宅基地使用权、居住权和地役权五种类型。

3. 担保物权。担保物权是指为了确保债权的实现，在债务人或第三人的财产上设定的物权。担保物权在性质上属于他物权。根据《民法典》的规定，担保物权包括抵押权、质权和留置权三种类型。本教材也将根据这一分类来展开论述。

项目二 物权的变动

一、物权变动的概念

物权变动是对物权关系的发生、变更和消灭的总称。从权利主体的角度来说，物权变动就是物权的取得、变更和丧失。我国《民法典》物权编第二章"物权的设立、变更、转让和消灭"，即指物权变动。

（一）物权的发生

物权的发生是指某一主体取得对某物的物权，又称为物权的取得。物权的取得可分为原始取得与继受取得两种。

物权的原始取得又称物权的固有取得，是指民事主体不以他人的既存权利和意思表示为前提，而直接依据法律的规定取得物权，如通过生产、收益、税收、没收等方式取得物权。

物权的继受取得是指基于他人的既存权利和意思表示而取得物权，又称传来取得。继受取得一般是通过法律行为来取得物权，但不限于依法律行为取得。继受取得又可分为创设的继受取得和移转的继受取得。

1. 创设的继受取得是指在他人之物上设定用益物权或担保物权。例如，银行的债务人以其拥有所有权的房屋为抵押物，为其向银行的贷款提供担保，在办理了抵押登记手续之后，银行即取得了对该房屋的抵押权。该抵押权的取得就属于创设的继受取得。创设的继受取得，只适用于设定所有权之外的定限物权，所有权不可创设取得。

2. 移转的继受取得是指就他人的物权依原状移转而取得物权。例如通过买卖、互易、赠与、遗赠、继承等方式来取得某物的所有权。移转取得的物权内容与原物权人的物权内容是完全相同的。

（二）物权的变更

物权的变更有广义与狭义之分。广义的物权变更包括物权的主体变更、客体变更和内容变更。物权主体的变更包括主体人数的变更和主体的更换。物权主体的变更，实质上是物权的取得与丧失的问题。《民法典》物权编上的物权变更，一般是指物权的客体与内容的变更，即狭义的物权变更。

物权的客体变更，是指物权的标的物在量上的增减。例如，物权的标的物因添附而增加，或因部分损毁而减少。物权内容的变更为质的变更，是指物权权利内容的扩张或缩减、期限的延长或缩短。例如，土地承包经营权期限的延长，又如动产抵押权基于登记而取得了对抗第三人的效力。

（三）物权的消灭

物权的消灭又称物权的终止、丧失，可分为绝对消灭与相对消灭。物权的绝对消灭是指不仅原权利人的物权消灭，并且其他人也不能取得该物权。导致物权绝对消灭的主要原因有标的物的灭失、抛弃、混同、权利存在的期间届满等。

抛弃，是指依物权人单方的意思表示而使物权归于消灭。抛弃的意思表示，一般应以一定的方式作出。例如，物权人抛弃动产所有权的，放弃其对该动产的占有即可产生抛弃的效力；抛弃他物权的，应向因抛弃而直接受益者为抛弃之意思表示并交付该动产。抛弃不动产物权的，应向不动产登记机关作出意思表示，并办理注销登记，方能产生抛弃的效力。[1]

混同，是指同一物之上所存在的两个以上的物权归于同一人的事实。例如，甲在其房屋上为乙设定了抵押权，后乙购买了该房屋而取得了所有权，则在该房之上存在的所有权与抵押权都归属于乙一人，乙的抵押权则因混同而消灭。

物权的相对消灭是指物权与原权利主体分离，同时又与新的主体结合。对于原权利人而言，为物权的消灭；对于新权利人而言，则为物权的取得。所以从另一个角度来看，物权的相对消灭实际就是物权的继受取得。我们通常所说的物权消灭，是指物权的绝对消灭。

二、物权变动的原因

在民法上，导致法律关系发生、变更或消灭的因素称为法律事实。物权法律关系的变动当然也是由一定的法律事实引起的，其中包括法律行为和法律行为以外的事实。

（一）法律行为

法律行为，是指行为人以发生一定民事法律后果为目的，作出的具有意思表示的行为，如买卖、赠与、互易、抛弃等。

---

〔1〕 郭明瑞主编：《民法学》，北京大学出版社 2001 年版，第 188 页。

（二）法律行为以外的其他事实

法律行为以外的其他事实包括事件和事实行为，前者如法定期间的届满，后者如生产、先占等情形。

（三）某些公法上的原因

某些公法上的原因如因国家的征收行为或因人民法院、仲裁机构的法律文书而引起的物权变动。

在以上三种原因中，法律行为是引起物权变动的最重要、最常见的原因。《民法典》物权编第二章第一节"不动产登记"与第二节"动产交付"，其所规范的都是因法律行为而引起的物权变动，第三节"其他规定"则是对几种因法律行为以外的原因而发生的物权变动进行规范。

三、物权变动的公示原则

物权具有绝对的、排他的效力，故其变动必须具有由外部可以辨认的表征，始可明示其法律关系，减少交易成本，避免第三人遭受损害，保护交易安全。此种可由外部辨认的表征，即为物权变动的公示方法。[1]《民法典》第 208 条规定："不动产物权的设立、变更、转让和消灭，应当依照法律规定登记。动产物权的设立和转让，应当依照法律规定交付。"该条款确立了我国物权变动的公示原则。

经过公示的物权就具有了公信力，也就是登记物权具有权利正确性的推定，即使公示出来的权利状况与真实的权利状况不相符合，但第三人因为信赖该公示而进行的交易，应受法律保护。这就是物权变动的公信原则。例如，甲是某房屋的真实所有权人，但因某种原因跟乙约定好将房屋登记在乙的名下。后乙瞒着甲私自将该房屋出售给丙，丙在签订购房合同前曾到房屋登记主管部门查册，确认了乙为该房产的登记产权人，并且该房产无抵押无争议，丙就放心地与乙缔约、向乙付款并顺利地完成了过户。此时甲发现了乙擅自处分该房产的行为，遂以无权处分要求撤销该交易。那么根据公信原则，乙虽然在法律上欠缺处分权，但基于不动产登记的公信力，丙仍然可以确定地取得该房屋的所有权。从另一角度来看，这也是民法的善意取得制度在不动产领域的表现。

（一）不动产物权变动之公示方法——登记

不动产登记，是指经权利人申请，国家专职部门将有关申请人的不动产物权的事项记载于不动产登记簿的事实活动。《民法典》第 209 条规定："不动产物权的设立、变更、转让和消灭，经依法登记，发生效力；未经登记，不发生效力，但是法律另有规定的除外。"因此，我国关于不动产物权的登记，采取的是登记生效主义原则。例

---

[1] 王泽鉴：《民法物权》，北京大学出版社 2009 年版，第 71 页。

如，甲、乙买卖房屋，双方办理了房屋产权的过户登记，虽然甲未将房屋实际交付给乙，乙也未交付全部价款，但该房屋的所有权已经属于乙，而不再属于甲。

《民法典》第 209 条但书规定的内容是，在不动产物权变动的规则中，登记发生物权变动是基本规则，不必登记是例外规则，且须法律予以特别规定。其含义在于，进行不动产物权变动，在法律没有特别规定的情况下，必须登记才发生物权变动效果；而只有在法律有特别规定的情况下，才应当按照法律规定的方式进行不动产物权变动。不需要登记的不动产物权主要包括三种情形：一是依法属于国家所有的自然资源，所有权可以不进行登记。二是《民法典》物权编第二章第三节中规定的一些无需登记的特殊情况，即主要是非依法律行为而发生的物权变动的情形。[1]三是结合我国的实际情况，尤其是农村的实际情况，所规定的一些不需要登记的不动产物权，如土地承包经营权、宅基地使用权、地役权等。

《民法典》对不动产登记的规定主要包括以下内容：

1. 登记机构。《民法典》规定不动产登记，由不动产所在地的登记机构办理。国家对不动产实行统一登记制度。统一登记的范围、登记机构和登记办法，由法律、行政法规规定。国务院已于 2014 年 11 月 24 日发布《不动产登记暂行条例》，自 2015 年 3 月 1 日起施行。该条例规定的就是统一的不动产物权变动的登记制度，改变了以往不动产登记的机构不统一、程序不统一、登记簿不统一等分散状况，实行了登记机构统一、登记范围统一、登记办法统一、登记程序统一、登记效果统一，以及登记信息共享和保护的统一。

2. 登记生效时间。《民法典》第 214 条规定，不动产物权的设立、变更、转让和消灭，依照法律规定应当登记的，自记载于不动产登记簿时发生效力。按照本条规定，只有不动产变动登记记载于不动产登记簿的时间，才是不动产物权变动的时间，即只有当不动产物权变动的信息登记在不动产登记簿上的时候，设立登记的申请人才成为真正的物权人，变更登记的申请人的物权发生变更，转让物权的申请人取得物权，消灭物权的申请人的物权予以消灭。

3. 登记簿与权属证书。《民法典》第 216、217 条规定，不动产登记簿是物权归属和内容的根据。不动产登记簿由登记机构管理。不动产权属证书是权利人享有该不动产物权的证明。不动产权属证书记载的事项，应当与不动产登记簿一致；记载不一致的，除有证据证明不动产登记簿确有错误外，以不动产登记簿为准。

不动产登记簿，是不动产登记机构按照国务院自然资源部规定所设立的统一的不动产权属登记簿，用以记载不动产的坐落、界址、空间界限、面积、用途等自然状况，不动产权利的主体、类型、内容、来源、期限、权利变化等权属状况，以及涉及不动产权利限制、提示等事项。由于不动产登记簿是物权归属和内容的根据，因而在不动

---

〔1〕 关于不需要登记的不动产物权，参见《民法典》第 229、230、231 条。

产登记簿上记载某人享有某项物权时，就直接推定该人享有该项物权，其物权的内容也以不动产登记簿上的记载内容为准。这就是不动产登记簿所记载的权利的正确性推定效力规则，这对于客观、公正的不动产交易秩序的建立和维护，交易安全的保障而言，具有重要意义。

4. 登记资料的查询。《民法典》第218条规定，权利人、利害关系人可以申请查询、复制不动产登记资料，登记机构应当提供。不动产登记制度的目的在于向公众公示物权的状况，但是同时基于保护个人隐私的考虑，又将公示的对象限定为"权利人"和"利害关系人"，仅赋予这两类人查询权。这里的"权利人"是指对登记的不动产享有所有权或他物权的人；而"利害关系人"是指与登记的不动产有一定的现实利益关系，并有可能因登记结果的变动而对其利益产生影响的人。在查询和复制不动产登记资料时，申请人应当证明自己是权利人或者利害关系人。

同时，《民法典》第219条规定，利害关系人不得公开、非法使用权利人的不动产登记资料。该条款为查询、复制不动产登记资料的利害关系人设定了义务：①不得非法使用，即不得超出其正当性、合法性的目的使用不动产登记资料，不得将查询获得的不动产登记资料用于其他目的，如将查询、复制的他人不动产登记资料非法出卖；②不得公开权利人的不动产登记资料，即不得将查询、复制他人不动产登记获得的资料交给查询、复制目的之外的第三人，未经权利人同意，不得泄露其通过查询而获得的不动产登记资料。

案例[1]

原告刘某于2018年1月2日向被告夏津县不动产登记中心提出申请，要求查询和复制御景家园小区宗地总面积共用给予不动产登记的权利人（姓名）、不动产单元号，并出具查询结果证明。被告对此均未作出书面答复。原告认为被告的上述行政行为系不履行法定职责的情形，侵犯了原告的合法知情权，故诉至法院，诉请判令被告向原告提供查询与复制，并出具查询结果证明。法院认为，因不动产登记信息涉及特定的权利人或利害关系人，为平衡个人隐私与公众知情权，国家从法律、法规、规章等层面对不动产登记信息查询作出了专门规定。刘某申请查询、复制的不动产登记信息均是御景家园小区其他业主的不动产登记信息，虽然被上诉人未书面告知不予提供相关信息不符合法律规定，但是上诉人并非相关不动产登记信息的权利人或利害关系人，无权查询或获取上述信息，因此，上诉人要求被上诉人为相关不动产登记信息提供查询和复制并出具查询结果证明的诉讼请求不能成立。

5. 更正登记。《民法典》第220条第1款规定，权利人、利害关系人认为不动产登记簿记载的事项错误的，可以申请更正登记。不动产登记簿记载的权利人书面同意更正或者有证据证明登记确有错误的，登记机构应当予以更正。据此，更正登记是指

---

〔1〕 参见山东省德州市中级人民法院（2018）鲁14行终149号二审行政判决书。

已经完成的登记，由于当初登记手续的错误或者遗漏，致使登记与原始的实体权利关系不一致，为消除这种不一致的状态，对既存的登记内容进行修正补充的登记。进行更正登记需具备两个条件：其一，不动产登记簿记载的权利人书面同意更正；其二，有证据证明登记确有错误的。

6. 异议登记。《民法典》第 220 条第 2 款规定，权利人、利害关系人申请更正登记，不动产登记簿记载的权利人不同意更正的，利害关系人可以申请异议登记。登记机构予以异议登记，申请人自异议登记之日起 15 日内不提起诉讼的，异议登记失效。异议登记不当，造成权利人损害的，权利人可以向申请人请求损害赔偿。

异议登记的法律效力是不动产登记簿上所记载的权利失去权利正确性推定的效力，第三人不得主张依登记的公信力而受到保护。该制度的目的不在于阻止不动产登记人处分不动产，而在于提醒第三人注意该不动产是存在争议的，提醒其注意交易的风险。同时为了防止申请人滥用异议登记制度，本条还规定，异议登记不当，造成权利人损害的，权利人可以向申请人请求损害赔偿。

7. 预告登记。《民法典》第 221 条规定，当事人签订买卖房屋的协议或者签订其他不动产物权的协议，为保障将来实现物权，按照约定可以向登记机构申请预告登记。预告登记后，未经预告登记的权利人同意，处分该不动产的，不发生物权效力。预告登记后，债权消灭或者自能够进行不动产登记之日起 90 日内未申请登记的，预告登记失效。

预告登记是不动产登记的特殊类型。其他的不动产登记都是针对现实的不动产物权进行的，而预告登记所登记的不是不动产物权，而是目的在于保护将来发生不动产物权变动的请求权。预告登记制度能够很好地防止开发商一房二卖，保障买房人的合同债权得到实现，从而最终获得房屋的所有权。

▚▚▚ **知识链接**〔1〕

预告登记适用于不动产物权的协议，在我国，其主要适用于商品房预售。在商品房预售中，预售登记作出后，使期房买卖得到了公示，这种期待权具有了对抗第三人的效力。也就是说，在办理了预售登记后，房屋所有人不得进行一房多卖，否则，其违反房屋预售登记内容作出的处分房屋所有权的行为无效。

（二）动产物权变动之公示方法——交付

《民法典》第 224 条规定："动产物权的设立和转让，自交付时发生效力，但是法律另有规定的除外。"据此规定，交付是动产物权变动的公示方法，亦即生效要件。

所谓交付就是转移占有，即将自己占有的物或权利凭证转移给其他人占有的行为。交付有现实交付与观念交付之分。所谓现实交付，指动产物权之让与人，将其对于动

---

〔1〕 参见《城市商品房预售管理办法》第 10 条。

产的现实的直接的占有移转与受让人。例如，甲将自己的手提电脑卖给乙，甲把手提电脑交付给乙，即完成交付行为。除此之外，在现实生活中，还存在假借他人之手进行的交付，也属现实交付。例如，甲将自己的轿车出售给乙，甲的司机将轿车交付给乙的司机，完成交付行为；再如，甲将一盆景卖给乙，乙又将盆景卖给丙，乙请甲将该盆景直接交付于丙，甲允诺并为之，在这种情况下，并不是甲将所有权直接交付于丙，而是甲将盆景交付于丙的时候，同时完成了其对乙的交付，以及乙对丙的交付。

观念交付，也称为拟制交付，是指动产占有在观念上的移转而非现实移转，即让与人并没有将对物的控制权直接移转给受让人。为照顾在特殊情形下交易的便捷性，法律允许以观念交付代替现实交付。观念交付主要包括以下三种情形：

第一种是简易交付。即出让人在转让动产物权之前，受让人已占有动产，则从移转标的物所有权的合同生效时起，视为交付。《民法典》第 226 条规定："动产物权设立和转让前，权利人已经占有该动产的，物权自民事法律行为生效时发生效力。"此条款中的"民事法律行为"，主要是指动产让与人与受让人订立动产转让的协议以及与质权人订立动产出质的协议等行为。

第二种指示交付。即当动产由第三人占有时，转让人将其对第三人的原物返还请求权转让给受让人，以代替现实的交付。《民法典》第 227 条规定："动产物权设立和转让前，第三人依法占有该动产的，负有交付义务的人可以通过转让请求第三人返还原物的权利代替交付。"指示交付适用于动产物权的让与人对其所转让的标的物不享有物理意义上的直接占有和直接控制的可能，从而无法通过现实交付的方式使得动产物权得以变动的情形。例如，甲将自己的自行车出租给乙使用，在租赁期未满之时，甲又将该自行车出售给丙，由于租期未满，自行车尚由乙合法使用，此时为使得丙享有对该自行车的所有权，甲将自己享有的针对乙的返还原物请求权转让给丙以代替现实交付。

第三种占有改定。即转让人和受让人在转让动产物权时，当事人双方约定让与人仍将继续占有动产，而受让人因此取得对标的物的间接占有，以代替标的物的实际交付。《民法典》第 228 条规定："动产物权转让时，当事人又约定由出让人继续占有该动产的，物权自该约定生效时发生效力。"例如，某甲于 2020 年 6 月 1 日将自己的电动车卖给乙，并约定电动车所有权自此发生转移，但甲因工作需要，还需再使用电动车 1 个月，并于 7 月 1 日将电动车交付于乙。此即为占有改定，甲虽然继续占有该电动车，但该电动车的所有权已基于双方的约定于 6 月 1 日转归乙所有。

另外，《民法典》第 225 条规定："船舶、航空器和机动车等的物权的设立、变更、转让和消灭，未经登记，不得对抗善意第三人。"因此这三类特殊的动产如果仅仅完成了交付而没有进行登记的话，则物权变动的效力仅可对抗让与人，而不能对抗善意第三人，此乃物权变动的登记对抗主义，有别于不动产变动的登记生效主义。

项目三　物权的保护

有权利，就应该有救济，否则权利就是一纸空文。《民法典》第 233 条规定："物权受到侵害的，权利人可以通过和解、调解、仲裁、诉讼等途径解决。"和解是当事人之间自行达成协议解决纠纷；调解是通过第三人调停解决纠纷；仲裁是由当事人协议选择仲裁机构，通过仲裁机构来解决争端；诉讼是指以提起民事诉讼的方式来解决争端。

根据《民法典》第 234、235、236、237、238、239 条的规定，物权受到侵害时，权利人可以行使如下请求权：

一、确认物权权利归属的请求权

物权人在与他人就物权的内容、范围等发生争议时，可以请求确认其权利。物权的确认是物权保护的前提，而且确认物权的请求权不受诉讼时效的限制。《民法典》第234 条规定："因物权的归属、内容发生争议的，利害关系人可以请求确认权利。"

二、返还原物请求权

返还原物请求权是指物权人在其权利的标的物被他人非法侵占时，得请求返还的权利。此处的权利人既可以是所有权人，也可以是用益物权人或担保物权人。返还原物请求权的行使以原物仍然存在为前提。《民法典》第 235 条规定："无权占有不动产或者动产的，权利人可以请求返还原物。"

三、排除妨害请求权

物权人在他人妨害其权利正常行使时，可以请求排除妨害。例如，未经同意在他人的土地上施工，在他人的建筑外墙上悬挂户外广告，在别人的院子堆放垃圾，在别人的车库停车等。排除妨害请求权的行使不受诉讼时效的限制。

四、消除危险请求权

物权人在他人的行为或设施可能造成自己的权利标的物损害时，可以请求消除危险。例如，因建房挖地基导致邻居的地基松动墙体开裂，则邻居有权要求建房人加固地基和房屋，以消除房屋倒塌的危险。消除危险请求权的行使不受诉讼时效的限制。《民法典》第 236 条规定："妨害物权或者可能妨害物权的，权利人可以请求排除妨害或者消除危险。"

五、恢复原状请求权

他人对权利人的不动产或者动产造成毁损的,权利人可以请求修理、重作、更换或者恢复原状。《民法典》第 237 条规定:"造成不动产或者动产毁损的,权利人可以依法请求修理、重作、更换或者恢复原状。"

六、损害赔偿请求权

损害赔偿请求权是指权利人的财产遭受他人的不法侵害,无法通过行使以上五种请求权或者通过行使以上五种请求权仍不不足以补偿物权人的损失时,权利人可以单独或同时请求侵权人赔偿损失。《民法典》第 238 条规定:"侵害物权,造成权利人损害的,权利人可以依法请求损害赔偿,也可以依法请求承担其他民事责任。"

以上六种物权的民法保护方法中,前五种属于物权所独有的保护方法,亦称物权请求权或物上请求权,物上请求权既可以由物之直接占有人行使,亦可由物之间接占有人行使。第六种方法是在所有的民事权利受到侵害时都可以行使的请求权,属债权请求权。以上几种请求权视情况可以多种同时适用,也可以只适用其中一种。

案例〔1〕

某街道某村 78 号房屋登记于原告韩某名下。韩某报警称其位于某街道某村的 78 号房屋被非法拆除。经公安机关调查确认,伟业公司在对韩某周边三户已签订拆迁协议的房屋进行拆除时,误拆了韩某房屋。现韩某原房屋已被整为平地。后韩某诉至法院,要求判处伟业公司把其房屋恢复原状。法院认为,造成不动产或者动产毁损的,权利人可以请求修理、重作、更换或者恢复原状,但是本案中的房屋在被拆除后,其物权已经消灭,恢复原状的前提条件已经不存在。韩某主张伟业公司恢复原状也无法履行。但本着解决纠纷的目的,鉴于韩某针对房屋的物权已经消灭,已经不具备对房屋价值进行评估的条件,二审调解中韩某也明确同意选择货币赔偿方案来解决纠纷。因此,二审法院结合韩某被拆房屋属于集体土地的性质以及家庭困难的客观情况,参考房屋被拆时周围同类集体土地房屋的价值上浮 30% 的实际情况,以此作为估算出伟业公司赔偿给韩某的房屋折价款是适当的。

引例分析

引例 1:此案的考查点是物权的优先效力问题。

本案中甲的"一物二卖"行为,导致了甲与乙和甲与丙两个玉器的买卖合同关系。依《民法典》第 465 条之规定,两份合同均应为有效合同,乙、丙对甲均享有合同债权。丙的债权因标的物玉器的交付而得以实现,从而转化为对玉器的所有权,即甲与

---

〔1〕 参见江苏省高级人民法院(2016)苏民申 1036 号再审民事裁定书。

丙的买卖合同关系消灭，丙对玉器的所有权关系产生。因此，虽然甲与乙之间的合同订立在先，甲与丙的合同订立在后，但乙对该玉器只享有合同请求权也就是债权，而丙对该玉器已经拥有了所有权，故根据物权优先于债权的原则，应优先保护丙对该玉器的所有权。乙不得以其债权发生在先为由而主张优先获得玉器。此时乙只能依《民法典》第577条的规定，要求甲承担相应的违约责任。

引例2：此案的考查点是物权变动的要件问题。

（1）根据《民法典》第490条、502条规定，张三、李四之间的财产转让协议应当自签署之日起生效，即自7月6日起生效。

（2）根据《民法典》第214条规定，不动产物权的设立、变更、转让和消灭，依照法律规定应当登记的，自记载于不动产登记簿时发生效力。李四应当自7月30日，即登记机关将有关登记事项记载于登记簿之日起取得房屋所有权；根据《民法典》第231条规定，李四自9月4日，即该房屋因故被拆除之日起丧失房屋所有权。

（3）根据《民法典》第224条规定，动产物权的设立自交付时发生效力。张三、李四于7月6日协议的当天办理了家具的交接手续，故家具的所有权于交付的当天发生转移，李四于7月6日取得家具的所有权。

（4）根据《民法典》第224条规定，动产物权的设立自交付时发生效力。《民法典》第225条规定，船舶、航空器和机动车等物权的设立、变更、转让和消灭，未经登记，不得对抗善意第三人。因此，于7月6日车辆交付之时，车辆的所有权即发生转移，李四取得该车辆所有权，但因未办理过户登记，李四不能对抗善意第三人。

相关法律

《民法典》第205~239条

思考与练习

1. 什么是物权？物权具有哪些法律特征？

2. 物权具有哪些效力？

3. 什么是物上请求权？

4. 简述物权变动的规则。

5. 案例分析：

（1）张某想要买二手房，因为当时的楼市限购政策规定了个人将购买不满5年的房屋对外销售的，要交5.6%的营业税，而他看中的房子还差3个月就满5年。为规避这笔高额税费，张某遂与卖家商议房屋暂时不过户，只是签订买房合同并办理公证，张某预付9成房款，买家交付房屋钥匙并把房产证交给张某保管，届证满5年之际两人再一同去办理房产过户手续。

问题：以上措施能否确保张某最后获得该房子的所有权？《民法典》是否有相关规定可适用于此种情形？

（2）旭日公司分批向东升公司购买 A 型规格山地车，约定必须使用红星公司的 A 型轮胎，东升公司在第五批山地车交付后，财务发生困难，无力从红星公司购买 A 型轮胎来组合山地车。为了使东升公司能够如期交货，旭日公司向红星公司订购了一批 A 型轮胎，约定由红星公司直接交付给东升公司，旭日公司与东升公司约定将来交付的 A 型规格山地车的单价中不包括轮胎价格，红星公司将轮胎交付于东升公司后，因为一场意外的火灾，该批轮胎全部被毁。

问题：谁对这批轮胎享有所有权？该批轮胎的损失由谁承担？

（3）甲乙兄弟二人共有一幢房屋，在办理房产登记时，乙恰巧在外工作，甲故意将房屋仅登记在自己名下，并以 50 万元的市场价将房屋卖给邻村不知情的丙。现乙回到家中，欲寻求法律上的救济。

问题：①如果甲尚未将房屋卖给丙时，乙该如何救济自己的权利？②如果乙已将房屋卖给丙，并办理了产权过户登记，乙该如何救济自己的权利？

（4）甲曾先后向乙、丙各借款 40 万和 50 万元，现甲无力偿还。甲名下的财产只有一套市值约 70 万元的房子。

问题：①甲欠乙、丙的债务应如何清偿？②若丙的 50 万债权以甲的房子设立了抵押，应如何清偿？③若乙、丙的债权都以甲的房子设立了抵押，则又应如何清偿？

单元二 所有权

知识目标

理解所有权的概念、权能；掌握国家、集体及个人所有权的范围；熟悉业主的建筑物区分所有权、相邻关系、共有及所有权取得的主要内容与相关法律规定。

技能目标

能够在实务中解决基于所有权归属、建筑物区分所有权、相邻关系、共有产生的纠纷。

素质目标

在建筑物区分所有权、相邻关系、共有等法律关系的学习及纠纷的解决中，进一步理解社会主义核心价值观中有关文明、平等、诚信、友善的精神内涵。

引例

2009 年 6 月 12 日，大龙酒店因欠个体工商户甲、乙、丙的货款无力偿还，经协商，将酒店的音响设备作价 6 万元，抵偿给甲、乙、丙三人。其中，该音响设备抵偿给甲 3 万元，乙 2 万元，丙 1 万元。甲、乙、丙均将酒店开据的欠条还给酒店，三人约定由甲实际保管该音响设备并联系买主。2009 年 10 月 4 日，甲打电话给乙，称丁要买音响，价款 5 万。乙表示不同意按此价格出售。同月 22 日，甲在未告知乙、丙的情况下将该音响设备卖给了丁，将所得价款自留 3 万元，剩余的 2 万元交给乙。丙得知后，向法院起诉，要求确认甲与丁之间的买卖合同无效。问：

（1）本案存在哪些法律关系？请陈述理由。

（2）音响设备的所有权应当归谁？为什么？

（3）对本案应如何处理？为什么？

基本理论

项目一　所有权概述

一、所有权的概念和特征

（一）所有权的概念

所有权是各国民法中最为重要的概念之一。它在物权体系中居于核心地位，物权以所有权为基础，并在所有权之上构建起他物权。《民法典》第 240 条规定："所有权人对自己的不动产或者动产，依法享有占有、使用、收益和处分的权利。"此条款是以列举式的方法给所有权作出的定义，我们也可以通过概括式的方法来下定义：所有权是在法律规定的范围内，对所有物为全面支配的物权。

（二）所有权特征

1. 全面性。所有权是最完全的物权，对物的使用价值和交换价值都可予以全面支配。所有权人可以自由地对所有物进行各种利用和处置，只要不对他人造成损害，甚至可以对所有物加以毁损。而在所有权之外的其他物权，也就是定限物权，仅仅只能支配物的使用价值或者交换价值。

2. 整体性。所有权不是占有、使用、收益、处分等各种权能在数量上的简单相加，而是一个浑然一体的权利。所有权不能在内容上加以分割，在所有物之上设定用益物权或担保物权，不是让与所有权的一部分，而是创设一个新的、独立的物权；所有权也不能在时间上加以分割，不存在此时段为我所有而彼时段为你所有的所有权（即两人约定分时段利用某物，并不能在该物之上发生两个所有权，而是两人共有一个所有权，发生的是共有关系）。

3. 弹力性。弹力性是指所有权的单一内容可以自由伸缩，即在所有权之上设定用益物权或担保物权时，所有人对所有物的全面支配权因受到限制而缩减，而于该限制解除时，所有人又恢复了对所有物的圆满支配状态。可见，所有权的弹力性系附随于所有权之上所设定的定限物权而产生的。所有权之上没有定限物权的存在，就无所谓所有权的弹力性。[1]

4. 恒久性。所有权的恒久性又称为永久性、无期性，是指所有权因标的物的存在而永久存续，不得预定其存续期间。因此在法律上不存在因期限届满而导致所有权消灭的可能性。所有权的恒久性当然并不意味着所有权不会发生消灭，基于标的物的毁损、抛弃、取得时效等原因，都可以导致所有权的消灭。所有权的恒久性是所有权区

---

〔1〕　郭明瑞主编：《民法学》，北京大学出版社 2001 年版，第 195 页。

别于他物权的又一重要标志。

二、所有权的类型

根据不同的标准，对所有权可以作不同的分类。例如，从所有权的主体上，所有权可分为国家所有权、集体所有权和私人所有权；从所有权主体的数量上，所有权可分为单一所有权和共同所有权（即共有）；从所有权的客体上，所有权可分为动产所有权和不动产所有权。这里我们主要论述所有权在主体上的分类。

（一）国家所有权

国家所有权是我国社会主义全民所有制在法律上的表现，是国家对国有财产的占有、使用、收益和处分的权利，或者说是国家以民事主体的身份对依法归其所有的物所享有的所有权。

作为抽象的民事主体，国家所享有的所有权具有两个基本特点：一是国家本身并非终极的利益主体，国家所有权体现的是全体国民的利益，因此国家应以有利于全民的方式来行使其所有权；二是作为一个抽象的法律构造物，国家必须借助具体的组织机构来行使其所有权。根据《民法典》第 246 条第 2 款的规定，除法律另有规定外，国有财产由国务院代表国家行使所有权。

国家所有权在民法上的一个重要意义在于某些财产只能专属于国家所有。根据《民法典》第 247、248、249、252、254 条的规定，专属于国家所有的财产有：矿藏、水流、海域；无居民海岛；城市土地；无线电频谱资源；国防资产。上述财产国家专属的特性也就意味着流通的禁止，如根据《野生动物保护法》规定，专属于国家所有的野生动物私人之间不可自由买卖。

（二）集体所有权

集体所有权是公有制的另一种法律形态。"集体"是一个很难从民法上加以定义的概念，它本身不一定构成一个法人。大致而言，集体指的是依某种特定标准（如村落、城镇街道等）而确定的人的集合体。所谓集体所有权，指的就是以各类集体作为物之所有人而形成的所有权形态。[1]

集体所有权具有如下特征：

1. 集体所有权的主体具有多元性。集体所有权的主体是为数众多的劳动群众集体组织，包括城镇集体组织和农村集体组织，其种类包括工业、农业、商业、手工业等各行各业的集体组织。

2. 集体所有权的客体具有相对广泛性。集体所有权的客体十分广泛，除了专属于国家的财产之外，其他财产均可以成为集体所有权的客体。根据《民法典》第 260 条

---

〔1〕 刘家安：《物权法论》，中国政法大学出版社 2009 年版，第 94 页。

的规定，集体所有的财产包括四类：①法律规定属于集体所有的土地和森林、山岭、草原、荒地、滩涂；②集体所有的建筑物、生产设施、农田水利设施；③集体所有的教育、科学、文化、卫生、体育等设施；④集体所有的其他不动产和动产。

3. 集体所有权由集体组织直接行使。根据《民法典》第 262 条、第 263 条的规定，集体所有权分别由农民集体经济组织和城镇集体经济组织来行使。

（三）私人所有权

《民法典》第 266 条规定："私人对其合法的收入、房屋、生活用品、生产工具、原材料等不动产和动产享有所有权。"此处的"私人"是和国家、集体相对应的物权主体，不仅包括自然人，也包括非国有的法人和非法人组织，如个人独资企业、个人合伙企业、由个人或法人组建的有限责任公司或股份有限公司等。

私人所有权的客体范畴小于国家所有权和集体所有权的客体范畴，比如说私人不能拥有土地所有权。除法律规定专属于国家或集体所有的财产外，私人可享有对一切物的所有权。

三、所有权的权能

所有权是所有人对所有物为全面支配的物权，而这种全面的支配必然要通过若干具体的行为方式表现出来。《民法典》第 240 条明确规定了所有权人对自己的财产享有占有、使用、收益和处分的权利。这就说明，所有权具有四大权能。

（一）占有权能

占有，就是对物的实际管领或控制。占有权能是所有权的基本权能，是所有人行使支配权的基础和前提。在实际生活中，占有权能可以与所有人发生分离，由非所有人占有。比如当所有人将所有物交由他人保管或者将所有物出租给他人使用时，他人对物的占有为直接占有，所有人对物的占有为间接占有，间接占有人对直接占有人享有返还请求权。

（二）使用权能

使用，是指依物的性能或用途对物加以利用，以满足生产或生活的需要。所有权人通过对物的使用来发挥物的使用价值。使用是直接作用于所有物之上的权能，因此该权能的行使必须以占有权能的享有为前提。

跟占有权能一样，使用权能亦可与所有权人发生分离。非所有人享有使用权能，只能是依法律规定或者当事人的约定，而且只能按规定的用途来使用。例如，所有权人将自己的房屋出租给他人使用，如约定为居住用途的，则承租人不可擅自将其改为其他用途。反之，所有权人对自己的物则可为任意的使用，即使是不合理的、破坏性的使用，只要不违反法律和社会公共利益即可。

（三）收益权能

收益，是指通过对财产的占有、使用等方式所取得的经济利益。收益包括孳息和利润两方面：孳息是指物在静止支配状态下产生的经济利益，如存款产生的利息，母鸡下的蛋等；利润是指把物投入生产和流通过程所取得的经济利益。收益权能亦可与所有权人发生分离，如村集体将土地发包给村民，则村民取得该土地上的收益权能。

（四）处分权能

处分是指依法对物进行处置，从而决定其命运。处分权能是所有权的核心权能，通常只能由所有权人自己行使，非所有权人只能依法律规定或者所有人的意思享有处分权能。例如，抵押人在债务人不清偿到期债务时，有权依法处分抵押物。

处分包括事实上的处分和法律上的处分。事实上的处分是指所有人把财产直接消耗在生活或生产活动中，如将木材加工成家具、把粮食吃掉、将房屋拆毁等。事实上的处分与使用权能有相同之处，二者都是实现物的使用价值的手段。二者的不同之处在于，使用是在不改变或毁损物的物理形态的情况下对物的利用，而事实上的处分则完全地改变了物的物理形态。例如，同为房屋，人们如果长期居住，则为使用；而人们若将其拆除，则为事实上的处分。[1]

法律上的处分是指通过某种法律行为对财产进行处置，从而改变所有物的法律状态，如将所有物出租、出借、转让或赠与他人，在所有物上设定他物权，将所有物抛弃等。

现实生活中，所有权的各项权能经常地与所有人发生分离，如将所有物交由他人保管，将所有物租赁给他人使用，将所有物抵押给他人等，而所有人并不因此丧失对标的物的所有权。相反地，这正是所有人行使其所有权的表现，通过所有权权能的分离和回复来发挥财产的最大效益。

项目二　所有权的取得和消灭

一、所有权的取得

所有权的取得，是指民事主体根据一定法律事实取得某物的所有权。所有权取得的方式，在民法学理论上根据是否以他人已有的所有权与意志为根据，可以分为原始取得和继受取得两类。

（一）所有权的原始取得

所有权的原始取得，是指不以他人已有的所有权和所有人之意志为根据，直接依

---

〔1〕　郭明瑞主编：《民法学》，北京大学出版社 2001 年版，第 200 页。

照法律规定，通过某种方式或者行为取得物之所有权。从各国民法的规定以及民法理论来看，所有权的原始取得方式主要包括以下几种：

1. 劳动生产取得。即人们通过体力和脑力的支出，运用工具对自然物进行改造、加工或利用原材料制造出具有使用价值和交换价值的产品。劳动生产是取得所有权的最基本、最重要的方式，如农民种植出庄稼，工厂生产出产品等。

2. 收取孳息取得。孳息相对于原物而言，是原物产出之收益。孳息分为天然孳息和法定孳息，前者是自然物依自然规律产生出来的新物，如母鸡所产之鸡蛋；后者是根据法律之规定，通过对原物实施一定法律行为而取得的由原物派生出来的收益，如房屋出租后所生之租金，现金储蓄后所生之利息等。

一般情况下，物的所有人对物所产生的孳息拥有所有权。天然孳息在没有与原物分离之前，原物所有权转移时，原则上孳息的所有权也随之转移，当事人另有约定的除外。依照法律或合同规定，孳息也可以由非原物所有人享有所有权。对此，我国《民法典》第 321 条规定："天然孳息，由所有权人取得；既有所有权人又有用益物权人的，由用益物权人取得。当事人另有约定的，按照约定。法定孳息，当事人有约定的，按照约定取得；没有约定或者约定不明确的，按照交易习惯取得。"

3. 国家强制取得。国家强制取得是在法律规定的特定场合下，国家从社会公共利益出发，不考虑所有人的意志和权利，直接采取没收、征收、国有化或税收等强制手段取得所有权的方式。对此，我国《民法典》第 243 条第 1 款规定："为了公共利益需要，依照法律规定的权限和程序可以征收集体所有的土地和组织、个人的房屋以及其他不动产。"

4. 无主物取得。无主物是指没有所有人或所有人不明的财产，主要包括所有人不明的遗失物、漂流物、埋藏物、隐藏物、无人继承又无人受遗赠的财产。

（1）遗失物。遗失物是指他人不慎丧失占有之动产。《民法典》第 314 条规定："拾得遗失物，应当返还权利人。拾得人应当及时通知权利人领取，或者送交公安等有关部门。"与丢弃物不同，遗失物的所有权人或合法占有人并无抛弃该物所有权的意思，只是所有权人或合法占有人暂时丧失了占有。拾得遗失物，只是发现并占有遗失物，并不能使拾得人取得遗失物的所有权。拾得遗失物的基本规则，是拾得人应当将拾得的遗失物返还给权利人。拾得人拾得遗失物，知道遗失人的，应当及时通知其领取；如无法联系和通知权利人的，则可以送交公安等有关部门。遗失物返还权利人后，是权利人恢复占有，而不是原始取得。

《民法典》第 315 条规定："有关部门收到遗失物，知道权利人的，应当及时通知其领取；不知道的，应当及时发布招领公告。"这里的有关部门是指有权利和义务接受遗失物的部门，一般是指公安等公权力机关。当然，也可以是最适合暂时保管遗失物的部门或者最容易找到权利人的相关部门，如在公交车上丢失的遗失物，有关部门可以是公交公司。在知道权利人时及时通知其领取遗失物，不知道权利人时及时发布招领公告是有关部门的法定义务。

《民法典》第 316 条规定："拾得人在遗失物送交有关部门前，有关部门在遗失物被领取前，应当妥善保管遗失物。因故意或者重大过失致使遗失物毁损、灭失的，应当承担民事责任。"不论是拾得人还是有关部门，在占有遗失物后，都负有妥善保管遗失物的义务。对于拾得人而言，在遗失物送交有关部门前，其应当对遗失物尽妥善保管义务；对于有关部门而言，在遗失物被领取前，其应当对遗失物尽妥善保管义务。如果拾得人或者有关部门没有尽到对遗失物妥善保管的义务，因故意或者重大过失致使遗失物毁损、灭失的，则应当承担损害赔偿等民事责任。值得注意的是，拾得人或者有关部门只有因故意或者重大过失致使遗失物毁损、灭失时才承担民事责任，如果仅仅是一般过失，则不需要承担民事责任。

《民法典》第 317 条规定："权利人领取遗失物时，应当向拾得人或者有关部门支付保管遗失物等支出的必要费用。权利人悬赏寻找遗失物的，领取遗失物时应当按照承诺履行义务。拾得人侵占遗失物的，无权请求保管遗失物等支出的费用，也无权请求权利人按照承诺履行义务。"关于保管遗失物必要费用的承担问题，权利人在领取遗失物时应当向拾得人或者有关部门支付遗失物的保管费等支出的必要费用，以弥补其因保管遗失物实际费用的损失。关于悬赏寻找遗失物的问题，如果权利人悬赏寻找遗失物的，其在领取遗失物时应当按照悬赏的承诺履行义务，《民法典》第 499 条也规定了完成特定行为人的报酬请求权。[1] 但是，如果权利人已请求拾得人返还该遗失物，而拾得人拒不归还的，则其行为构成侵占，无权请求保管遗失物等支出的费用，也无权请求权利人按照承诺履行义务。

《民法典》第 318 条规定："遗失物自发布招领公告之日起 1 年内无人认领的，归国家所有。"如果权利人在招领公告之日起 1 年内前来认领的，则遗失物重新归属于权利人；如果自发布招领公告之日起满 1 年仍无人认领，则遗失物归国家所有。所有人不明的遗失物属于无主物，归国家所有，此为所有权的原始取得。

案例

某日，王某外出后回家，在路上将随身手提包遗落，后手提包被被告刘某某拾得。王某发现手提包遗失后报警，公安机关找到刘某某。刘某某于次日下午至公安机关说明相关情况，承认拾得手提包的事实，但表示，其当时就将拾得的手提包随手丢弃，拾得的 630 元现金已交给公司领导。原告遗失的手提包系原告于 2013 年 11 月 1 日购买，价格为 27 000 元。此后王某要求被告返还手提包及包内财物，刘某某认为其未取得手提包，两人未能协商一致，故王某诉至法院。法院认为：王某因自身疏忽大意遗失手提包，对于损失的造成亦应承担一定责任，加之手提包也使用了有一段时间，故

---

〔1〕《民法典》第 499 条："悬赏人以公开方式声明对完成特定行为的人支付报酬的，完成该行为的人可以请求其支付。"

酌定被告刘某某赔偿王某手提包灭失损失 15 000 元，返还自包内取得的现金 630 元。本案中，被告拾得原告遗失的手提包后故意丢弃该钱包，其未尽到妥善保管的义务，从而导致钱包丢失的结果，应当对原告承担赔偿责任。原告对手提包的遗失也存在一定过错，因此法院酌定被告承担部分损害赔偿责任。

（2）漂流物、埋藏物和隐藏物。《民法典》第 319 条规定："拾得漂流物、发现埋藏物或者隐藏物的，参照适用拾得遗失物的有关规定。法律另有规定的，依照其规定。"漂流物，是指所有人不明，漂流于江、河、海、溪等之上的物品。埋藏物是指藏附于土地中的物。隐藏物是指隐匿于土地之外的其他包藏物中的物。对于漂流物、埋藏物或者隐藏物的权属取得规则，准用拾得遗失物的规则处理。漂流物、埋藏物和隐藏物归还失主的，不发生原始取得；归国家所有的，属于原始取得。法律另有规定的，依照法律规定。例如，根据文物保护法属于国家所有的文物，属于国家所有，他人不能取得。

（3）无人继承又无人受遗赠的财产。无人继承又无人受遗赠的财产，是指自然人死亡后遗留下来的，无人继承且无人受遗赠的遗产。《民法典》第 1160 条规定："无人继承又无人受遗赠的遗产，归国家所有，用于公益事业；死者生前是集体所有制组织成员的，归所在集体所有制组织所有。"所以在城市里的无人继承又无人受遗赠的财产，由国家取得所有权，属于所有权的原始取得。

5. 添附取得。添附，是指不同所有权人的物被结合、混合在一起从而成为一个新物，或者利用别人之物进行加工并使之成为新物的事实状态。把添附作为取得所有权的根据，原因在于添附发生后，要回复各物的原状在事实上已不可能或者在经济上是不合理的，有必要确定添附物的权利归属，以解决双方的争执。添附物的归属因添附情况的不同，分为三种类型：混合、附合和加工。《民法典》第 322 条规定："因加工、附合、混合而产生的物的归属，有约定的，按照约定；没有约定或者约定不明确的，依照法律规定；法律没有规定的，按照充分发挥物的效用以及保护无过错的当事人的原则确定。因一方当事人的过错或者确定物的归属造成另一方当事人损害的，应当给予赔偿或者补偿。"据此，添附的所有权归属规则如下：其一，因加工、附合、混合而产生的物的归属，有约定的按照约定；其二，没有约定或者约定不明确的，依照法律规定；其三，当事人没有约定，法律也没有规定的，按照充分发挥物的效用以及保护无过错当事人的原则确定。发挥物的效用原则，是根据物归属于哪一方更能够发挥物的效用，就应归属于哪一方的规则。保护无过错当事人的原则，是指给予无过错一方当事人以更好的保护。在两个原则中，应当首先考虑物的效用原则；第四，因一方当事人的过错或者确定物的归属给另一方当事人造成损失的，应当给予赔偿或者补偿。添附包括以下三种情形：

（1）加工。加工是指一方使用他人的物，将其加工改造为具有更高价值的物。原物因为加工人的劳动而成为新物，如在他人的木板上作画。对于加工物的所有权归属，通常，如果当事人有约定的依约定处理；无约定的，加工所增价值未超过原材料价值，则加工物归原材料所有权人；如果加工价值显然大于原物的价值，新物可以归加工人所有；如果加工价值与原材料价值相当，可由双方共有。除共有外，不论哪种情况，取得加工物所有权的一方都应对对方的加工劳动或原材料的价值予以补偿。

（2）附合。附合是指将不同所有权人的物密切结合在一起而成为一种新物。在附合的情况下，各原所有权人的物虽可识别，但非经拆毁不能恢复原来的状态，如砖、木的附合构建成房屋。附合物的所有权归属应区分两种情况：通常，当动产附合于不动产之上时，由不动产所有权人取得附合物的所有权，原动产所有权人则可取得与其原财产价值相当的补偿。当动产与动产附合时，附合的动产有主从之别的，由主物的所有权人取得附合物的所有权，同时给予对方以价值上的补偿；如无主从之别，可以由各动产所有权人按其动产附合时的价值共有附和物。

（3）混合。混合是指将不同所有权人的物互相结合在一起，难以分开并形成新的财产，如米与米的混合，酒与酒的混合。混合与附合不同，在混合的情况下，已无法识别原各所有权人的财产，而附合中原各所有权人的财产仍然能够被识别。通常，混合物一般应由原物价值量较大的一方取得所有权，并给予另一方以相当的补偿。如果原物价值量相差不多，也可由各方共有该混合物。

▓▓▓▓ 案例〔1〕

花了 19 万元 装修了别人的房

2013 年春节，44 岁的桂礼中第一次在重庆大足县雍溪镇福星花园小区的新居里过新年，大年初四突然有人找上门，说这套新房是他 1 年前就已经购买了的。对方出示的合同上明确写着"D 栋 1 单元 4-1"，桂礼中家门牌号确实是 4-1。桂礼中急忙找出合同，自己的合同上写的是"D 栋 1 单元 4-2"！挂着 4-2 门牌的是桂礼中家对面的清水房，那套房连房门都没有。

难道是自己装错了房？桂礼中回忆，发现了其中的问题：自己当初来看房时，还没有门牌号。"我去年 3 月第一次来看房，4 月 1 日签合同，一共来看了两次，开发商带我看的都是现在住的这套，这个门牌号是去年 12 月时，我房子都差不多要装好了才安上的。"桂礼中说。

桂礼中介绍，小区内装错房的情况并不少。记者找到福星花园售楼处。卖房给桂礼中的彭文群承认，桂礼中家门外的门牌是去年 12 月才装上的。彭文群说，装错房的情形在小区内"确实出现了两三起"。

桂礼中认为自己没有错，责任应由开发商承担，并希望 4-1 号房真正的主人龙能

---

〔1〕 "房子是我买的哦怎么是你在住"，载新浪新闻网，http：//news. sina. com. cn/o/2013 - 02 - 20/061926305339. shtml，最后访问时间：2021 年 6 月 23 日。

云能同意换房，但龙能云不同意调换。

6. 先占取得。先占是占有人以所有的意思，占有无主动产而取得所有权的法律事实。先占是无主物取得所有权的重要方式，世界上多数国家的民法对此都作出了规定。我国《民法典》虽然没有对先占作出规定，但无论是从理论角度还是实践角度来看，我国都是承认先占制度的，如拾荒者可因先占而取得对废弃物的所有权，狩猎者可因先占而取得普通野生动物的所有权。

按照大多数国家的民法规定，先占的成立应具备下列三个条件：

（1）先占的标的物须为无主物。无主物包括两种：一是从来没有为任何人所有的物，如野生动植物等；二是曾有所有人但后被所有人抛弃的物，即废弃物。物是否无主，应依客观标准判断，而不以先占人的主观认识为准。例如，误以为他人的遗失物为被人抛弃的无主物而先占的，不能因此取得所有权。

（2）先占的无主财产须为动产。根据我国《民法典》的规定，不动产物权的取得以登记为原则，所以不动产不可能以先占的方式取得。

（3）先占人须以所有的意思占有无主财产。所谓所有的意思，是指先占人将占有的动产归于自己管领和支配的意识。

7. 善意取得。善意取得是指无权处分他人财产（包括动产与不动产）的占有人，不法将其占有的他人财产转让给第三人后，若受让人取得该财产时系出于善意，即取得该财产所有权，原财产所有人不得要求受让人返还。例如，甲将其自行车出借给乙，乙在占有自行车期间擅自将车卖给了不知情的丙，甲获知后遂向丙要求返还。此例中，乙擅自出卖自行车的行为属于无权处分，该行为依法应获得自行车所有人甲的追认才能有效；若甲不追认，则买卖行为无效，丙理应返还该自行车。但依善意取得之理论，丙在取得自行车时属善意，且已支付对价并占有了自行车，则构成了善意取得，从而获得了自行车的所有权，甲无权再追回，而只能向无权处分人乙要求赔偿损失。

善意取得是民法中的一项重要制度，涉及财产所有权的静态安全和财产交易的动态安全保护的优先与取舍。对于保护善意取得财产的第三人合法权益，维护交易活动的动态安全而言，善意取得制度具有重要意义。在市场活动中，若要求每一个进入市场进行交易的民事主体，都对财产的来源情况进行详细考察，无疑会阻滞交易进程，降低交易效率，提高交易成本，不利于信用经济的建立，也会从根本上破坏市场经济的存在基础。善意取得制度虽然限制了所有权人的追及力，在一定程度上牺牲了原所有人的权利，但是它在保护交易安全，促进市场流通方面具有重要作用。

《民法典》第311条第1款规定："无处分权人将不动产或者动产转让给受让人的，所有权人有权追回；除法律另有规定外，符合下列情形的，受让人取得该不动产或者动产的所有权：（一）受让人受让该不动产或者动产时是善意；（二）以合理的价格转让；（三）转让的不动产或者动产依照法律规定应当登记的已经登记，不需要登记的已经交付给受让人。"据此，善意取得应当具备以下几个条件：

（1）让与人为无处分权人。让与人让与的财产是自己没有处分权的财产，如代为保管的财产、租赁的财产、借用的财产、和他人共有的财产等，此时的让与人即为无处分权人。

（2）标的物为依法可流通的动产或者不动产（其他物权可参照适用）。善意取得的财产包括动产和不动产，但是涉及动产的情形较多。动产除一般意义上的能够随便移动并且不改变其使用价值的有体物外，还包括货币和无记名有价证券，但记名证券不适用于善意取得制度，因为其所载财产属于特定的人。不动产构成善意取得的情况较少，主要发生在部分共有人未经其他共有人同意擅自处分共有财产的情况下。善意取得的财产必须是法律允许流通的财产，法律禁止流通的财产，如毒品、淫秽物品等不得适用善意取得制度。

（3）受让人取得财产时出于善意，即其不知让与人为无权处分人。《最高人民法院关于适用〈中华人民共和国民法典〉物权编的解释一》（简称《物权编司法解释一》）第14条规定："受让人受让不动产或者动产时，不知道转让人无处分权，且无重大过失的，应当认定受让人为善意。真实权利人主张受让人不构成善意的，应当承担举证证明责任。"第15条规定："具有下列情形之一的，应当认定不动产受让人知道转让人无处分权：（一）登记簿上存在有效的异议登记；（二）预告登记有效期内，未经预告登记的权利人同意；（三）登记簿上已经记载司法机关或者行政机关依法裁定、决定查封或者以其他形式限制不动产权利的有关事项；（四）受让人知道登记簿上记载的权利主体错误；（五）受让人知道他人已经依法享有不动产物权。真实权利人有证据证明不动产受让人应当知道转让人无处分权的，应当认定受让人具有重大过失。"第16条规定："受让人受让动产时，交易的对象、场所或者时机等不符合交易习惯的，应当认定受让人具有重大过失。"

（4）支付了合理对价。《物权编司法解释一》第18条对于合理对价如何界定规定："应当根据转让标的物的性质、数量以及付款方式等具体情况，参考转让时交易地市场价格以及交易习惯等因素综合认定。"

（5）受让人取得财产满足了物权变动公示原则的要求（已交付或已登记）。让与的财产依照法律规定应当登记的已经登记，不需要登记的已经交付给受让人。值得注意的是，对于船舶、航空器、机动车等特殊动产，《民法典》规定了登记对抗主义，交付即发生所有权转移的后果，因而登记并不是船舶、航空器、机动车等特殊动产善意取得的构成要件。

善意取得是原始取得，一旦因善意取得导致标的物之上的所有权或其他物权消灭，取得人即完全取得一个新的物权，原权利人的所有权或其他物权将因此发生消灭。原权利人不得向善意的受让人主张返还原物，而只能要求转让人赔偿损失或者承担其他法律责任。

案例

甲因出国留学，将一辆小轿车交其好友乙保管。乙因生活拮据，急需用钱，遂将该车以市价卖给丙。丙以为该车为乙所有，遂以 12 万元的价格成交。2 年后，甲如期回国，得知乙将该车已卖给丙，遂以乙无权处分为由要求丙返还轿车，丙拒绝返还，甲遂向法院提起诉讼。

8. 时效取得。取得时效是指财产的占有人以所有的意思（即以所有人的名义），善意地、公开地、和平地、持续地占有他人财产达到法定期间，即依法取得对该项财产所有权的法律制度。例如，基于某种原因，甲将乙的某项财产当作自己的财产进行占有、使用，而乙对此不闻不问，这种状况持续到一定期间，甲就可依法取得对该项财产的所有权。

法律规定时效取得的原因在于：在一定的事实状态持续了一定的时间后，即便其与法律上的真实权利归属状况不符，也会形成与之相适应的稳定的社会关系。具体到物权来讲，非财产所有人在以自己所有的意思对他人的财物善意地、公开地、持续地占有一定时间后，必然会产生一定程度的社会信赖关系。基于这种信赖而产生了合同、租赁、合伙、继承等社会关系，法律则应当维护这种社会关系的稳定性。取得时效制度的规定，使实际占有人取得了该实体权利，从而维护了多年来以此事实状态为基础形成的其他法律关系，也利于社会经济秩序稳定和交易安全。

目前各国法律普遍都规定了取得时效制度，但我国《民法典》尚未确立时效取得制度，只是在民法理论上已经得到了比较普遍的认可。

（二）所有权的继受取得

所有权的继受取得，是指主要以民事法律行为取得物之所有权的方式。继受取得的方式主要有买卖、赠与、互易、继承、遗赠等方式。因《民法典》合同编、继承编等对这些取得方式有专门、详细的阐述，本节只作简要介绍。

1. 买卖。买卖是一方出让标的物的所有权以换取价款，他方以支付价款为对价换取标的物所有权的双方民事法律行为。买卖是商品交换的典型法律形式，财产所有权的转让主要依赖于买卖。因此，买卖是所有权继受取得的最主要方式。

2. 赠与。赠与是一方无偿转让财产所有权给另一方的双方法律行为。赠与虽不是商品交换的形式，但是随着商品经济的发展，人的社会意识及社会责任感的加强，赠与的社会作用日益得到充分发挥，成为解决救灾、救济等社会问题及发展社会公益事业的重要手段。在这种发展趋势下，赠与不仅是公民个人继受取得财产所有权的方法，而且日益成为国家、社会公益团体继受取得财产所有权的重要方法。

3. 互易。互易是以物易物的双方民事法律行为，是互相继受对方财产所有权的方法。互易是最古老的商品交换形式，在货币出现以前，商品交换唯有通过互易的方式进行。在货币产生以后，互易在商品交换中的地位虽日益为买卖所取代，但至今仍不失为商品交换的一种形式，不仅在国内商品交换中经常使用，在国际商品交换中亦经常采用，特别是对缺乏硬通货的国家，换货贸易具有重要的意义。因此，互易也是继受取得财产所有权的重要方法。

4. 继承与遗赠。公民死亡后，其遗产依法转归法定继承人、遗嘱继承人和遗赠受领人所有。这些人取得遗产所有权，是以死者生前的财产所有权为根据的。遗嘱继承人和遗赠受领人取得遗产所有权还直接体现了死者生前处分其遗产的意愿所作的推定，也是体现死者的意志的。因此，继承与遗赠是继受取得财产所有权的方法。

5. 其他继受取得方法。例如，通过完成一定工作，提供一定劳务，转让智力成果等方式取得财产所有权，也都属于继受取得。

二、所有权的消灭

所有权的消灭，是指因某种法律事实致使所有权人丧失其所有权。按照学界通说，所有权的消灭可以分为两种：一是所有权的绝对消灭，主要是所有物本身的灭失；另一种是所有权的相对消灭，主要是所有人失去对物的占有与支配但原物尚存之情形。具体说来，所有权消灭的原因包括：

（一）所有权客体的消灭

所有权以物的一定形式为客体，成立所有权或者成立所有权法律关系，客体是必不可少之要件。没有所有权之客体，即谈不上所有权；反之，所有权客体灭失，则所有权也随之消灭。例如，一杯奶茶被饮用，因洪水导致携带之笔记本电脑被冲走等情形，都是因消费、消耗或者不可抗力而导致所有权客体不复存在，从而产生所有权绝对消灭的后果。

（二）所有权主体的消灭

除了客体要件之外，所有权还必须为特定权利主体所享有。当主体资格消灭时，所有权也即告消灭。例如，在公司破产、自然人死亡等情形中，因权利主体资格已经消灭，其财产依法定程序转移他人所有，因此所有权也归于消灭。

（三）所有权的抛弃

抛弃是依所有权人单方面的意思表示而使所有权归于消灭，是所有权人行使其处分权能的一种表现，如丢弃用过的英语四级考试辅导用书。但若抛弃不动产的，则应向不动产登记机关办理注销登记方能产生抛弃的效力。

（四）所有权的转让

在所有权的积极权能中，处分权能是核心。所有权人可以通过法律行为让与所有权，导致所有权在特定权利主体上发生消灭后果。换言之，所有权转让是所有权人对其所有物行使处分权的一种结果。例如，买卖、赠与等转让行为，其结果是使出让人的所有权消灭，而受让人的所有权产生，这就是所有权的相对消灭。

（五）所有权的强制消灭

国家依法通过征收、没收、拍卖、罚款等强制手段，导致原物所有人的所有权消灭，但此时会产生新的所有权，故也属于所有权的相对消灭。

项目三 共有

一、共有的概念和特征

（一）共有的概念

共有是指某项财产由两个以上的民事主体共同享有所有权的法律状态。共有是一个所有权由多个权利主体共同享有，而非一物之上存在多个所有权。

在共有关系中，共享所有权的人称为共有人，共有的标的物称为共有物或共有财产，共享的所有权称为共有权。共有人之间因财产共有所形成的权利和义务关系，称为共有关系。

一个人享有物的所有权乃社会生活的常态，也是所有权在法律上的基本形态。但是，无论是基于当事人的意思，还是由于法律调整社会生活的需要，也有必要承认两个以上的民事主体对同一物共同享有所有权的状态。例如，两人合伙开饭店，那么在饭店经营过程中所形成的财产就由两人共同享有。

（二）共有的特征

共有作为所有权中的一项特殊制度，具有如下法律特征：

1. 权利主体为两个或两个以上。共有权的主体必须由两个以上自然人、法人或其他组织构成，单一主体不能成为共有权主体，这是共有权与一般的财产所有权的区别。

2. 共有物的所有权具有单一性。共有物的所有权的单一性表现在两个方面：首先，权利客体即共有物为同一项特定财产，这一特定财产可以是单一物，如一辆汽车；也可以是集合物，如被继承人留下的尚未分割的包括房屋、车辆、存款在内的遗产。其次，共有权是一个所有权，即无论共有物是单一物还是集合物，其上只有一个所有权，只是这个所有权被所有的共有人共有，这区别于一般所有权的客体被某一主体单独所有。并且每个共有人的权利都及于整个共有财产，在共有权存续期间，共有物既不能被分割，各共有人也不能单独对某一部分行使所有权。

3. 权利的内容具有双重性，共有权的内容既包括各共有人之间的内部关系，又包括共有人与第三人之间的外部关系，其内部关系的相对性与外部关系的绝对性构成了共有权的双重属性。

4. 共有的形式分为按份共有和共同共有。按份共有人按照各自的份额比例对共有物享有权利，共同共有人对共有物不分比例、平等地享有权利。

二、按份共有

（一）概念和特征

按份共有指共有人按照确定的份额对共有财产享有权利、承担义务的一种共有关系。《民法典》第 298 条规定："按份共有人对共有的不动产或者动产按照其份额享有所有权。"

按份共有的特征：

1. 按份共有人按照各自的份额对共有物享有权利和承担义务。份额是共有人根据合同约定或法律规定对共有物整体所享有的比例，共有人基于自己的份额对共有物享有份额权，即按份共有人并非是对整个共有物享有所有权，而是仅对自己的那部分份额享有所有权，继而按照自己的份额来享有权利和承担义务。

2. 按份共有人的权利义务及于共有物的全部。在按份共有的情况下，尽管共有人要依据其份额享有权利并承担义务，但按份共有并不是分别所有。因此，按份共有的每一个共有人的权利不限于共有物的某一个具体部分，而是适用于整个物。[1]

3. 按份共有人的共有份额可以分出、转让和继承。按份共有人享有份额权，当然对自己的份额享有处分权，但要保证其他共有人在同等条件下的优先购买权。

物权法对于共有有两个重要的推定：一是在共有的性质不明时，一般推定为按份共有。《民法典》第 308 条规定："共有人对共有的不动产或者动产没有约定为按份共有或者共同共有，或者约定不明确的，除共有人具有家庭关系等外，视为按份共有。"二是在共有的份额不明时的推定。《民法典》第 309 条规定："按份共有人对共有的不动产或者动产享有的份额，没有约定或者约定不明确的，按照出资额确定；不能确定出资额的，视为等额享有。"即对共有份额的确定，有约定从约定，无约定的按照出资额确定，出资不明的则推定为等额。

（二）按份共有的内部关系

1. 共有物的占有、使用、收益。《民法典》第 300 条规定："共有人按照约定管理共有的不动产或者动产；没有约定或者约定不明确的，各共有人都有管理的权利和义务。"由于客观上，同一个物不可能被两个人同时占有和使用，故对共有物如何进行占有、使用、收益，应由共有人来约定。其方法无外乎以下几种：一是由各共有人对共有物分部分或者分时间使用；二是将共有物交由个别共有人使用，其他共有人获得补偿；三是将共有物出租，收益按份额统一分配。

2. 共有物的处分。《民法典》第 301 条规定："处分共有的不动产或者动产以及对

---

[1] 杨立新:《物权法》，中国人民大学出版社 2019 年版，第 111 页。

共有的不动产或者动产作重大修缮、变更性质或者用途的，应当经占份额三分之二以上的按份共有人或者全体共同共有人同意，但是共有人之间另有约定的除外。"要注意的是此处的三分之二指的是在共有关系中的权利份额，而不是共有人人数的多少。比如，甲乙丙丁四人共同出资购买一台笔记本电脑，并约定共同使用。其中甲出资 70%，如果要处置这台笔记本电脑，则只有甲一个人就可以说了算，其他三人对此持不同意见也毫无影响。这与有限责任公司的控股股东的原理相近。

3. 共有份额的处分。《民法典》第 305 条规定："按份共有人可以转让其享有的共有的不动产或者动产份额。其他共有人在同等条件下享有优先购买的权利。"第 306 条规定："按份共有人转让其享有的共有的不动产或者动产份额的，应当将转让条件及时通知其他共有人。其他共有人应当在合理期限内行使优先购买权。两个以上其他共有人主张行使优先购买权的，协商确定各自的购买比例；协商不成的，按照转让时各自的共有份额比例行使优先购买权。"从物权效力的角度看，按份共有人的优先购买权属于物权优先效力的具体体现。

4. 共有物的分割。《民法典》第 303 条规定，共有人约定不得分割共有的不动产或者动产，以维持共有关系的，应当按照约定，但共有人有重大理由需要分割的，可以请求分割；没有约定或者约定不明确的，按份共有人可以随时请求分割。因分割对其他共有人造成损害的，应当给予赔偿。可见《民法典》对按份共有采取分割自由的原则，在无约定的情况下，各共有人均有权随时要求终止共有关系，并分割共有物。

共有人对共有物可采实物分割、变价分割或折价分割的分割办法。实物分割，是将实物直接分为若干份额，由当事人分别享有。但如果甲、乙二人共有的是一头耕牛，则对于活的耕牛一般不能作实物分割，因为它会影响共有物的价值。那么此时甲、乙就可采用变价分割的办法，即将耕牛变卖，对所得价款按份额进行分割；或者由甲、乙中的一人获得耕牛，对另一人的应得份额作价给予补偿。

（三）按份共有的外部关系

在共有人内部基于共有物所存在的权利和应负担的义务，都是按照比例分享和分担的。但是共有人对外，其权利和义务是一个整体，即共有人作为一个所有权的整体在与他人发生民事法律关系时，他们之间的权利义务是连带权利和连带义务关系。《民法典》第 307 条规定，因共有的不动产或者动产产生的债权债务，在对外关系上，共有人享有连带债权、承担连带债务，但是法律另有规定或者第三人知道共有人不具有连带债权债务关系的除外；在共有人内部关系上，除共有人另有约定外，按份共有人按照份额享有债权、承担债务，共同共有人共同享有债权、承担债务。偿还债务超过自己应当承担份额的按份共有人，有权向其他共有人追偿。

三、共同共有

（一）概念和特征

共同共有是指共有人基于共同关系，对共有物不分份额地享有权利、承担义务的共有形式。我国《民法典》第 299 条对共同共有的界定是：共同共有人对共有的不动产或者动产共同享有所有权。

共同共有具有如下特征：

1. 共同共有根据某种共同关系而产生，以该关系的存在为前提。所谓共同关系，是指构成共同共有基础的法律关系，如婚姻关系、家庭关系、继承关系等。

2. 共同共有不分份额，一旦划分份额，则共同共有关系结束，如离婚后对夫妻共同财产的分割。

3. 各共有人平等地享受权利和承担义务，无份额之分。与按份共有相比，共同共有人的权利及于整个共有财产，共同共有人行使整个共有权。

（二）共同共有的内部关系

1. 共同共有人的权利体现为对共有物享有平等的占有、使用、收益、处分的权利。

2. 共同共有人的义务体现在对共同共有物承担平等的义务。《民法典》第 302 条规定："共有人对共有物的管理费用以及其他负担，有约定的，按照其约定；没有约定或者约定不明确的，按份共有人按照其份额负担，共同共有人共同负担。"

3. 共有关系存续期间，各共有人不得请求分割共有物。只有在共有的基础丧失或者有重大理由需要分割时才可以请求分割。

4. 对共有物的处分，应当得到全体共有人的同意。《民法典》第 301 条规定："处分共有的不动产或者动产以及对共有的不动产或者动产作重大修缮、变更性质或者用途的，应当经占份额三分之二以上的按份共有人或者全体共同共有人同意，但是共有人之间另有约定的除外。"

（三）共同共有的外部关系

共同共有在外部关系上与按份共有并无不同，共有人对外时，其权利和义务是一个整体。共同共有人因共有财产而与第三人发生的关系为连带权利和连带债务义务关系。比如甲、乙共有的一匹马踢伤他人，受害者为治疗花去医药费 3000 元，则甲、乙对受害者的 3000 元损失应当承担连带赔偿责任。

（四）共同共有的类型

构成共同共有基础的共同关系主要包括婚姻关系、家庭关系、继承关系等，相应地，共同共有就主要包括这些类型：

1. 夫妻共同共有。我国《民法典》第 1062 条规定："夫妻在婚姻关系存续期间所得的下列财产，为夫妻的共同财产，归夫妻共同所有：（一）工资、奖金、劳务报酬；（二）生产、经营、投资的收益；（三）知识产权的收益；（四）继承或者受赠的财产，但是本法第 1063 条第 3 项规定的除外；（五）其他应当归共同所有的财产。夫妻对共同财产，有平等的处理权。"在婚姻关系存续期间，对于夫妻共有的财产，夫妻双方平等地享有权利，原则上，非经对方的同意，任何一方不得单独处置夫妻共有财产。只有在离婚时，双方才可要求分割共有财产，同时夫妻共有关系结束。但是《民法典》在坚持夫妻共同财产不能分割，对婚姻关系存续期间夫妻一方请求分割共同财产原则上不予支持的基础上，又在第 1066 条中规定："婚姻关系存续期间，有下列情形之一的，夫妻一方可以向人民法院请求分割共同财产：（一）一方有隐藏、转移、变卖、毁损、挥霍夫妻共同财产或者伪造夫妻共同债务等严重损害夫妻共同财产利益的行为；（二）一方负有法定扶养义务的人患重大疾病需要医治，另一方不同意支付相关医疗费用。"夫妻共同财产经过婚内分割之后，分割出来的财产成为个人财产，主张分割的一方对分割所得的部分享有所有权，可以依照自己的意志处分该财产。在婚姻关系存续期间分割夫妻共同财产的特别准许情形仅为例外，目的是保护婚姻当事人的合法权益。

2. 家庭共同共有。家庭共同共有，指家庭成员在家庭共同生活关系存续期间，因共同创造、共同所得的财产而发生的共有形式。家庭共有财产的主体是指对家庭共有财产形成作出过贡献的家庭成员。家庭共同共有主要存在于一些子女已经成年并有经济收入但仍与父母共同生活的情形中。

3. 遗产共同共有。这是指在被继承人死亡后，遗产分割前，各继承人基于继承遗产而发生的共有关系。

（五）共同共有财产的分割

共同共有财产的分割是指共有关系终止时，依照共有人的协议或法律规定将共有财产分割给当事人各自所有的行为。即使是共同共有，在分割时，也要进行"按份"分割。分割的方法与按份所有的财产分割一样，包括实物分割、变价分割与作价分割。

（六）共同共有应注意的问题

第一，对共同共有财产的处理必须取得全体共有人的一致同意。这一点应与按份共有有所区别。这是因为，共同共有人在共同关系存续期间是无法确定各自的份额的，因此也就不可能按照份额的三分之二的决定权决定。

第二，共同共有关系存续期间，原则上各共有人不能请求分出自己的份额，当然也不能出售自己的份额，更不存在优先购买权。

四、准共有

共有系所有权的特殊形态，但数人共享一项物权的，并不局限于所有权。《民法典》第 310 条规定："两个以上组织、个人共同享有用益物权、担保物权的，参照适用本章的有关规定。"此乃理论界所称的"准共有"，即指两个以上的权利主体共同享有所有权以外的财产权，包括用益物权、担保物权等。

项目四　相邻关系

一、概念和特征

（一）相邻关系的概念

相邻关系是指两个或两个以上相互毗邻的不动产所有人或使用人，在行使不动产的所有权或者使用权时，相互之间应当给予便利或者接受限制而发生的权利义务关系。简言之，就是不动产的相邻各方因行使不动产的所有权或者使用权而发生的权利义务关系。

在相邻关系中，一方的权利称为相邻权，但相邻权不是独立的物权，它是对不动产所有权和使用权的扩张和延伸，是行使不动产所有权或使用权所必需的。相邻权在性质上仍属于所有权的范畴。

（二）相邻关系的特征

1. 相邻关系的主体是两个以上的不动产所有人或使用人。如果相邻不动产属于一个所有人、用益人或占有人的，则不发生相邻关系问题。相邻关系可以发生在不同所有人、用益人或占有人的自然人、法人及非法人组织之间。

2. 相邻关系是因不动产的毗邻关系而产生的，即不动产是互相连接的或者是邻近的。例如，甲、乙的房子相邻而产生的通风、采光关系，甲、乙两村分别处于同一条河流的上下游而产生的用水、排水关系。

3. 相邻关系的主要内容是相邻一方有权要求他方提供必要的便利，他方应给与必要的便利。这里的必要的便利是一种最低标准的便利，即如果不给予这种便利的话，相邻方的不动产权利则无法实现。

4. 相邻关系的客体是行使不动产所有权或使用权所获得的利益。这种利益是行使不动产权利时，相邻一方给予另一方方便时所追求的利益，既可以是经济利益，也可以是非经济利益。

5. 相邻关系的产生具有法定性。相邻关系无需约定，相邻权是《民法典》赋予相邻各方的法定权利。

二、相邻关系的种类

现实生活中的不动产相邻关系复杂多样，一般而言，主要包括以下基本类型：

（一）相邻用水、排水关系

《民法典》第 290 条规定："不动产权利人应当为相邻权利人用水、排水提供必要的便利。对自然流水的利用，应当在不动产的相邻权利人之间合理分配。对自然流水的排放，应当尊重自然流向。"

1. 相邻用水关系。在我国，水资源属于国家所有，相邻各方均有使用的权利。因此，相邻人应当保持水的自然流向，在需要改变流向并影响相邻他方用水时，应征得他方同意，并对由此造成的损失给予适当的赔偿。

水流经过地的所有人或使用人，均应遵循"由近及远、由高至低"的原则依次用水。一方擅自改变、堵截或独占自然水流，影响他方正常的生产和生活的，他方有权请求排除妨碍，造成他方损害的，应赔偿损失。

2. 相邻排水关系。高地所有人或使用人有向低地排水的权利。但低地所有人或使用人对高地的排水所承担的义务，则因排放的水是自然流水或人工流水而有所不同。对于自然流水，低处的土地所有人或使用人有承水的义务，高处的土地所有人或使用人没有将水一直引到江河或公用排水系统的义务。对于自然流水给低处的土地所有人或使用人造成的损害，若高处土地的所有人或使用人无过错，则不承担任何民事责任。而对于人工流水，低处的土地所有人或使用人没有承水义务，只有过水义务，即允许流水通过的义务。高处的土地所有人或使用人必须采取适当措施，使其人工流水安全通过低地，直达江河或公共排水系统。排放人工流水给他人造成损害危险的，受害方有权请求停止侵害、消除危险及赔偿损失。

3. 相邻滴水关系。屋檐滴水不属于自然流水，修建房屋应注意不得将屋檐滴水向邻人屋面排流，以防造成对邻人房屋的侵害。因屋檐滴水造成邻人损害的，受害人有权请求排除妨碍、赔偿损失。

（二）相邻土地利用关系

1. 相邻土地通行关系。《民法典》第 291 条规定："不动产权利人对相邻权利人因通行等必须利用其土地的，应当提供必要的便利。"一方必须在相邻一方使用的土地上通行的，应当予以准许；因此造成损失的，应当给予适当补偿。

被相邻土地包围以致与公用道路隔离的土地所有人或使用人，有权通行邻地以直达公用道路。通行人在选择道路时，应当选择最必要、损失最少的路线，如只需小道即可，就不得开辟大道；可以在荒地上开辟道路，就不得在耕地上开辟。并且，对邻地享有通行权的人，应当依法赔偿邻人遭受的相应损失。对于历史上形成的通道，土地所有人或使用人无权任意堵塞或改道，因堵塞影响他人生产、生活，他人要求排除妨碍或者恢复原状的，应当予以支持。但有条件另开通道的，也可以另开通道。

2. 相邻土地占用关系。相邻一方因修建施工临时占用他方使用的土地，占用的一方如未按照双方约定的范围、用途和期限使用的，应当责令其及时清理现场、排除妨碍、恢复原状、赔偿损失。

3. 相邻管线铺设关系。《民法典》第292条规定："不动产权利人因建造、修缮建筑物以及铺设电线、电缆、水管、暖气和燃气管线等必须利用相邻土地、建筑物的，该土地、建筑物的权利人应当提供必要的便利。"

设置管线一方应当选择对邻人损害最小的线路和方法而为之，因此造成损失的，应给予赔偿。《民法典》第296条规定："不动产权利人因用水、排水、通行、铺设管线等利用相邻不动产的，应当尽量避免对相邻的不动产权利人造成损害。"

（三）相邻建筑物通风、采光和日照关系

《民法典》第293条规定："建造建筑物，不得违反国家有关工程建设标准，不得妨碍相邻建筑物的通风、采光和日照。"相邻各方修建房屋或其他建筑物时，相互间应当保持适当距离，不得妨碍邻居的通风采光和日照。相邻一方违反有关规定修建建筑物，影响他人通风采光和日照的，受害人有权要求停止侵害、恢复原状或赔偿损失。

案例

2005年，南京玄武区的采菊东篱项目开始建设，随着施工进程的推进，隔壁樱海公寓的部分住户感觉到阳光越来越少，他们试图阻止施工，但开发商以通过规划审批为由不予理睬。最终，有两名业主提起诉讼。2007年1月，南京玄武区人民法院判决开发商分别赔偿两位阳光被遮挡的居民1万元和8000元。在通风、采光和日照关系相邻关系的纠纷中，是否构成侵权，要以国家相关工程建设标准、相关规定为据。在由建设部发布、于2006年3月1日开始实施的《住宅建筑规范》中规定，住宅建筑日照标准是位于第Ⅰ、Ⅱ、Ⅲ、Ⅳ气候区的大城市，日照要求不小于2小时。

（四）相邻环保关系

相邻一方在修建厕所、粪池、污水池或堆放腐朽物、有毒物、恶臭物、垃圾等时，应当与邻人生活居住的建筑物保持一定的距离，或采取相应的防范措施，防止空气污染。相邻各方不得制造噪音、喧嚣、震动等妨碍邻人的生产和生活。如果放散的音响和震动已损害邻人的，应及时处理，消除损害。对一些轻微的、正常的音响和震动，相邻他方则应给予谅解。对噪音、震动污染严重的单位，应按环境保护法和有关规定，采取措施加以治理。

《民法典》第294条规定："不动产权利人不得违反国家规定弃置固体废物，排放大气污染物、水污染物、土壤污染物、噪声、光辐射、电磁辐射等有害物质。"学理上将此规定列举的侵害称为"不可量物侵害"。相邻各方可能产生有害气体的设施，应与邻人的生产、生活建筑物保持安全距离，并应采取预防和应急措施。企业和事业单位排放废水、废渣、废气须遵守国家规定的排放标准，如果因排放"三废"影响邻人的生产、生活，损害邻人健康的，邻人有权请求环境保护机关和有关部门依法处理；受到损害的，有权要求赔偿。

（五）相邻防险关系

《民法典》第295条规定："不动产权利人挖掘土地、建造建筑物、铺设管线以及安装设备等，不得危及相邻不动产的安全。"相邻一方在自己的土地上挖水沟、水池、地窖、水井和地基等时，应注意对方房屋、地基以及其他建筑物的安全。一方的建筑物有倒塌的危险，严重威胁对方的人身、财产安全时，对方有权请求采取措施排除危险来源，消除危险。放置或使用易燃、易爆、剧毒物品的，必须严格按有关法规办理，并应当与邻人的建筑物保持适当的距离，或采取必要的防范措施，使邻人免遭人身和财产损失；因此造成损害的，应赔偿邻人的损害。相邻一方种植的竹木根枝延伸，危及另一方建筑物的安全和正常使用的，应当依据不同情况，责令竹木种植人消除危险、恢复原状、赔偿损失。

三、相邻关系的处理原则

在实际生活中，相邻人因相邻不动产权利的行使必然地会发生这样或那样的关系，如果处理不好，就会发生矛盾，产生纠纷，影响正常的社会秩序。因此，应当按照法律关于相邻关系的原则和各项具体规定，妥善、正确地处理相邻关系。《民法典》第288条规定："不动产的相邻权利人应当按照有利生产、方便生活、团结互助、公平合理的原则，正确处理相邻关系。"《民法典》第289条规定："法律、法规对处理相邻关系有规定的，依照其规定；法律、法规没有规定的，可以按照当地习惯。"由此我们可以总结出，相邻关系的处理应当遵循如下三大原则：

（一）有利生产，方便生活

相邻关系是人们在生产、生活中对相互毗邻的不动产占有、使用、收益、处分而发生的权利义务关系，直接关系到人们的生产和生活的正常进行。因此，处理相邻关系应当以有利生产、方便生活为原则。例如，甲、乙、丙三个承包经营人所承包的土地相互毗连，其土地都是长期依靠同一条小溪进行灌溉，甲承包的土地处于小溪的上游，乙承包的土地处于小溪的中游，丙承包的土地处于小溪的下游。由于天旱，水源不足，小溪的水源不能满足土地灌溉的需要。这时，甲或乙都不能截断溪流仅供自己的土地灌溉，而是要正确处理用水相邻关系，把有限的水用于三人最需要、经济效益最大的地块，以减少不必要的损失，发挥最大的经济效益，促进生产的发展。

（二）团结互助，公平合理

相邻人应当协商解决相邻纠纷，应当互谅互让、尊重对方的权益，不能只顾自己的利益而无视邻人的合法权益。例如，如果乙必须通过甲的土地才能从公用通道到达乙的土地，此时甲应当允许。再如，低地的土地所有人或使用人应当允许高地的自然流水流往自己的土地，不得堵截，使高地遭受损失。一方权利的延伸和另一方权利的限制都必须在合理、必要的限度内为之；并且要求各方在享受权利的同时，亦应承担一定的义务。例如，相邻一方因架设电线或埋设电缆、管道必须使用他方的土地，他方应当允许，但使用的一方应当选择危害最小的地点和方法安设，对所占用的土地和施工造成的损失给予补偿，并且应于事后清理现场。

（三）尊重历史和习惯

相邻关系也许是除了血缘关系之外的最古老的一种社会关系，几千年来，人们对不动产尤其是土地的利用早已形成了各种的当地习惯，有些沉淀至今。这些习惯有效地调整着当地的相邻关系。例如，某些地方的农村有着"右边的房屋不能高过左边的房屋，前面的房屋不能高过后面的房屋"的传统建筑民俗；而在另一些地方的农村则有着"最东头一家拥有东山墙和西山墙，其他住户均是有西山墙无东山墙"的习惯。在民俗习惯不与现行法律产生严重冲突的情况下，依民俗习惯处理相邻关系的纠纷更易得到当事人的理解和配合。而且《民法典》第 10 条也规定："处理民事纠纷，应当依照法律；法律没有规定的，可以适用习惯，但是不得违背公序良俗。"

项目五　建筑物区分所有权

一、建筑物区分所有权概述

依物权法的"一物一权"原则，所有权的客体应为一个单一的独立之物。因此对于建筑物而言，传统上是以每一栋独立的建筑物作为权利客体的。然而，随着人类城市化的进程不断推进，城市人口不断集中，城市土地资源越来越紧张，加上建筑材料和建筑技术的飞速发展，使得城市里的高层建筑越来越多，并且在一栋建筑内分割出许许多多的功能独立的单元，以容纳众多家庭居住或众多组织办公。此时，如果仍以整栋建筑作为一个所有权的对象，则很难界定各个单元的使用者的权利内容及他们相互之间的关系。由此产生了这样一种需要：将整栋建筑物区分为若干个部分，并将每个部分都登记为一个所有权的客体，这样就产生了建筑物区分所有权。可见建筑物区分所有权实际上是现代社会发展的产物，是现代民法对传统民法的"一物一权"原则的突破。

（一）建筑物区分所有权的概念

所谓建筑物区分所有权，是指数人区分所有一建筑物时，各区分所有人对其专有部分享有单独的所有权，对建筑物的公共部分享有共有权，作为建筑物的团体组织成员对整个建筑物的公共事务享有管理权的一种复合性物权。《民法典》第 271 条规定："业主对建筑物内的住宅、经营性用房等专有部分享有所有权，对专有部分以外的共有部分享有共有和共同管理的权利。"也就是说建筑物区分所有权是一个包含了专有权、共有权和成员权的三位一体的权利，这也是它与其他物权的不同之处。

（二）建筑物区分所有权的特征

建筑物区分所有权与其他不动产所有权相比，具有以下法律特征：

1. 权利主体身份的多重性。由于建筑物区分所有权包含了专有权、共有权和成员权三部分，因此建筑物区分所有权的主体集所有权、共有权、成员权三种权利于一体。即建筑物区分所有权在主体身份上具有多重性，权利主体既是所有人身份，又是共有人身份，同时还是管理人身份，这与一般的不动产所有权有明显区别。

2. 权利客体上的整体性。建筑物区分所有权的客体包括建筑物的专有部分和共有部分。从表面上来看，建筑物区分所有权的各个组成权利都有各自的客体，但是在实质上来说，建筑物区分所有权是建立在整体建筑物上的一种所有权形式，其并非是专有权、共有权和成员权三种权利的简单相加，而是一个不可分割的有机组成部分，这是由建筑物区分所有权的性质决定的。因此，建筑物区分所有权在权利客体上具有整体性。

3. 权利内容上的复杂性。建筑物区分所有权是由对专有部分的专有权、共有部分的共有权及成员权三部分组成的一个有机整体，表现出权利内容的复合性；而一般的不动产所有权则是单一的，不包括共有权及成员权。在这三项权利的要素中，专有权是核心的，共有权和成员权依赖于专有权而存在，是为专有权服务的。

二、专有权

（一）专有权的含义

《民法典》第 272 条规定："业主对其建筑物专有部分享有占有、使用、收益和处分的权利。业主行使权利不得危及建筑物的安全，不得损害其他业主的合法权益。"故专有权就是指建筑物区分所有人对其专有部分所享有的占有、使用、收益和处分的权利，是建筑物区分所有权中的核心要素。

（二）专有权的客体

专有权的客体即专有部分，是指在构造上能够明确区分，具有排他性且可独立使用的建筑物部分。若一栋建筑物无构造上的独立性和使用上的独立性，则只能成为单独所有权或者共有所有权的客体，而不能成立建筑物区分所有权。

关于专有部分范围的具体界定方法，按照我国现行的房屋面积测绘规范，房屋的套内建筑面积是计算至各套之间的分隔墙和套与公共建筑空间的分隔墙以及外墙等共有墙的中心点的，即均按墙体水平投影面积的一半计入套内墙体面积[1]。

---

〔1〕 建设部《房产测量规范》（国标 GB/T17986-2000）B1．3："套内墙体面积：套内墙体面积是套内使用空间周围的维护或承重墙体或其他承重支撑体所占的面积，其中各套之间的分隔墙和套与公共建筑空间的分隔墙以及外墙（包括山墙）等共有墙，均按水平投影面积的一半计入套内墙体面积。套内自有墙体按水平投影面积全部计入套内墙体面积。"

（三）专有权的内容

1. 专有权人的权利。专有部分作为所有人享有单独所有权的部分，在内容上与一般的不动产所有权基本相同。即权利人对建筑物内属于自己所有的住宅、经营性用房等专有部分可以直接占有、使用，实现居住目的或者用于经营；也可以依法出租、出借，以获取收益或增进与他人感情；还可以用来抵押贷款或出售给他人。根据《民法典》的规定，业主转让建筑物的住宅、经营性用房，其对共有部分享有的共有权和共同管理的权利一并转让。

2. 专有权人的义务。其一，专有权人须尊重建筑物区分所有权的性质以及建筑物专有部分的自身性质和用途，按照本来的用途使用专有部分，不得擅自改变本来用途，如不能擅自"住改商"。《民法典》第279条规定："业主不得违反法律、法规以及管理规约，将住宅改变为经营性用房。业主将住宅改变为经营性用房的，除遵守法律、法规以及管理规约外，应当经有利害关系的业主一致同意。"其二，正当维修和改良的义务，即专有权人如果对专有部分进行维修和改良，必须遵守有关的法律法规，如不得擅自改变建筑主体和承重结构，不得破坏建筑物安全及外观，不能妨碍建筑物整体的正常使用等。《民法典》第272条规定，业主行使权利不得危及建筑物的安全，不得损害其他业主的合法权益。

三、共有权

（一）共有权的含义

建筑物区分所有人的共有权，是指建筑物区分所有人依照法律、法规或者管理规约的规定，对建筑物的共有部分所享有的占有、使用、收益和处分的权利。具体说来，即每个业主对专有部分以外的走廊、楼梯、过道、电梯、外墙面、水箱、水电气管线等共有部分，以及对物业管理用房、绿地、道路、公用设施等共有部分享有占有、使用、收益或处分的权利。至于具体每个业主如何行使占有、使用、收益或处分的权利，还要遵循《民法典》及相关法律、法规和管理规约的规定。

（二）共有权的客体

建筑物区分所有人共有权的客体，是区分所有建筑物的共有部分。所谓共有部分，包括两部分：一是房屋建筑面积中所分摊的共有建筑面积部分；二是依《民法典》规定属于业主的共有部分。《民法典》第274条规定："建筑区划内的道路，属于业主共有，但是属于城镇公共道路的除外。建筑区划内的绿地，属于业主共有，但是属于城镇公共绿地或者明示属于个人的除外。建筑区划内的其他公共场所、公用设施和物业服务用房，属于业主共有。"《民法典》第282条规定："建设单位、物业服务企业或者其他管理人等利用业主的共有部分产生的收入，在扣除合理成本之后，属于业主共有。"

（三）共有权的内容

建筑物区分所有人共有权的内容包括共有权人的权利和义务两部分。

1. 共有权人的权利。共有人即各建筑物区分所有人。共有权人的权利，实际上就是建筑物区分所有人的共有权利。归纳起来，区分所有人对共有部分享有以下权利：

（1）共用部分的使用权。各建筑物区分所有人对整个建筑物的共用设施部分，都有按照该设施的作用和性能进行使用的权利，该使用权原则上不因单独所有权的大小而有大小之别，如乘坐电梯、经过走廊、上下楼梯等。

（2）共有部分的收益权。各建筑物区分所有人按其单独所有权占整个建筑的比例，对建筑物的共用部分的所生利益享有收益权。

（3）共有部分的改良的权利。在不违反建筑法、城市规划法、环境保护法等公法中的强制性规定的前提下，各建筑物区分所有权人可以通过按一定的方式行使共同意志，对建筑物的共用部分进行修缮改良。

（4）共有部分的排除妨害的权利。第三人或某个建筑物区分所有人在对建筑物的共用部分进行使用时违反通常的使用方法或损坏共用部分或对他人的共有权行使形成妨碍时，任何建筑物区分所有人均有权制止、排除妨害。[1]

2. 共有权人的义务。归纳而言，共有权人有如下几方面的义务：

（1）依共用部分本来的用途和通常的使用方法进行使用。

（2）各建筑物区分所有人对共用的门厅、屋顶、楼道、楼梯、地基等应共同合理使用，任何一方不得多占、独占。

（3）未经其他所有人的同意或所有人会议决议通过，不得改变共有部分的外形或结构。

（4）各建筑物区分所有人以及全体建筑物区分所有人使用共用部分的，不得违反法律强制性规定。

（5）各建筑物区分所有人应分担建筑物共用部分的管理、维护、修缮费用。分担的原则是在该共用部分所涉及的使用范围内，由该范围的各建筑物区分所有人按其专有部分在该范围内所占的比例分担费用。

四、成员权

（一）成员权的含义

建筑物区分所有人的成员权，亦称为业主的管理权，是指业主基于在一栋建筑物的构造、权利归属及使用上的不可分离的共同关系而产生的、作为建筑物的一个团体组织成员所享有的权利和承担的义务。《民法典》第 271 条规定："业主对建筑物内的

---

[1] 石春玲主编：《物权法原理》，中国政法大学出版社 2008 年版，第 183 页。

住宅、经营性用房等专有部分享有所有权，对专有部分以外的共有部分享有共有和共同管理的权利。"可见，《民法典》确立的建筑物区分所有权是包括管理权在内的"三元论"建筑物区分所有权，即除了专有权和共有权之外，还包括管理权，即成员权。

（二）成员权的内容

成员权的内容，即业主作为成员权人所享有的权利和承担的义务。

1. 业主的权利。按照《民法典》规定，归纳而言，业主主要享有以下权利：

（1）设立业主大会和选举业主委员会的权利。《民法典》第277条规定，业主可以设立业主大会，选举业主委员会。业主大会、业主委员会成立的具体条件和程序，依照法律、法规的规定。地方人民政府有关部门、居民委员会应当对设立业主大会和选举业主委员会给予指导和协助。

（2）重大事项表决权。根据《民法典》第278条的规定，下列事项由业主共同决定："①制定和修改业主大会议事规则；②制定和修改管理规约；③选举业主委员会或者更换业主委员会成员；④选聘和解聘物业服务企业或者其他管理人；⑤使用建筑物及其附属设施的维修资金；⑥筹集建筑物及其附属设施的维修资金；⑦改建、重建建筑物及其附属设施；⑧改变共有部分的用途或者利用共有部分从事经营活动；⑨有关共有和管理权利的其他重大事项。业主共同决定事项，应当由专有部分面积占比三分之二以上的业主且人数占比三分之二以上的业主参与表决。决定前款第六项至第八项规定的事项，应当经参与表决专有部分面积四分之三以上的业主且参与表决人数四分之三以上的业主同意。决定前款其他事项，应当经参与表决专有部分面积过半数的业主且参与表决人数过半数的业主同意。"

（3）请求权。业主管理权中的请求权包括撤销业主大会或业主委员会决定的请求权、共有资金分配请求权、建筑物收益分配请求权等。《民法典》规定，业主大会或者业主委员会作出的决定侵害业主合法权益的，受侵害的业主可以请求人民法院予以撤销。建筑物以及附属设施的维修资金，属于业主共有，经业主共同决定，可以用于电梯、屋顶、外墙、无障碍附属设施等共有部分的维修、更新和改造。紧急情况下需要维修建筑物及其附属设施的，业主大会或者业主委员会可以依法申请使用建筑物及其附属设施的维修资金。建筑物以及附属设施的费用分摊、收益分配等事项，有约定的，按照约定；没有约定或者约定不明确的，按照业主专有部分面积所占比例确定。此外，业主对建设单位、物业服务企业或者其他管理人以及其他业主侵害自己合法权益的行为，有权请求其承担民事责任。

（4）其他管理权。主要包括知情权、自主管理权、委托管理权、更换管理人权和监督权等。《民法典》规定，建筑物及其附属设施的维修资金的筹集、使用情况应当定期公布。业主可以自行管理建筑物及其附属设施，也可以委托物业管理企业或者其他管理人进行管理。对于建设单位聘请的物业服务企业或者其他管理人，业主有权依法更换。物业服务企业或者其他管理人根据业主的委托管理建筑区划内的建筑物及其附属设施的，接受业主的监督，并及时答复业主对物业服务情况提出的询问。

2. 业主的义务。业主作为成员权人，在享有上述权利的同时，亦须承担下列义务：

（1）遵守法律、法规和管理规约的义务。《民法典》规定，业主应当遵守法律、法规以及管理规约，相关行为应当符合节约资源、保护生态环境的要求。对于物业服务企业或者其他管理人执行政府依法实施的应急处置措施和其他管理措施，业主应当依法予以配合。业主不得作出任意弃置垃圾、排放污染物或者噪声、违反规定饲养动物、违章搭建、侵占通道、拒付物业费等损害他人合法权益的行为。业主不得违反法律、法规以及管理规约，将住宅改变为经营性用房。业主将住宅改变为经营性用房的，除遵守法律、法规以及管理规约外，应当经有利害关系的业主一致同意。

（2）执行业主大会或者业主委员会决定的义务。《民法典》规定，业主大会或者业主委员会的决定，对业主具有法律约束力。

（3）其他义务。例如，服从管理人管理的义务、支付共同费用的义务等。

引例分析

本案例考查点是按份共有法律关系与善意取得制度。

①本案中存在两个法律关系。一是甲、乙、丙对音响的按份共有关系；二是甲与丁之间的音响买卖合同关系。

②音响设备的所有权应当归丁。因为甲的行为虽然构成无权处分，但丁对音响的共有情况并不知情，应当将其认定为善意第三人，并且音箱已交付给丁，完全符合善意取得的构成要件，因此丁可以取得音响设备的所有权。

③本案的正确处理方法是：对于音响的 5 万元价款，乙得 2 万，丙 1 万，甲得剩余的 2 万，即甲的债权不能获得完全清偿。因为甲作为无权处分人，要承担其无权处分行为所带来的损失。

相关法律

《民法典》第 271~296 条

思考与练习

1. 所有权在物权体系中居于何种地位？

2. 简述先占取得的构成要件。

3. 简述善意取得的构成要件。

4. 案例分析

（1）甲、乙、丙三村分别按 20%、30%、50% 的比例共同投资兴建一座水库，蓄水量为 10 万立方米，约定用水量按投资比例分配。某年夏天，丙村与丁村约定当年 7 月中旬，丙从自己的用水量中向丁供应灌溉用水 1 万立方米，由丁支付价款 1 万元。

供水时，水渠流经戊村，戊村将水全部截流用以灌溉本村农田。丁村因未及时得到供水，致秧苗损失 5000 元。丁村以为丙村故意不给供水，遂派村民将水库堤坝挖一缺口以放水，堤坝因此受损，需花 2 万余元方可修复。因缺口大而致的水流下泻造成甲村鱼塘中的鱼苗损失 2000 元。由于发生了上述情形，乙村欲将其 30% 的份额转让给庚村。现问：

①本案涉及哪些民事法律关系？

②丙村与丁村之间的约定是否有效？为什么？

③丁村的秧苗损失可向谁索赔？为什么？

④对于堤坝毁坏的事实，谁可以作为原告起诉？为什么？

⑤甲村的鱼苗损失应由谁予以赔偿？为什么？

⑥如果己村同时也向甲村鱼塘排放污水，致鱼苗损失 3000 元，己村与丁村是否构成共同侵权？

⑦乙村如欲将其 30% 的份额转让给庚村，乙村应履行何种义务？甲、丙享有何种权利？

⑧乙村在转让份额后，对于三村合伙对外 1 万元欠款，甲、乙、丙、庚村承担何种责任？

（2）2005 年 2 月，龚女士一家花了 50 余万元购买了位于上海市南汇区惠南镇城东路 759 弄康达公寓的一套房子。随后，龚女士又支付了 3.3 万元，向房产商购买了一个小区地面汽车停车位以及一间地下自行车车库。2006 年 5 月 19 日，在办理了房屋交接手续后，龚女士一家获得了地面停车位和地下自行车车库的使用权。但在 2007 年 9 月，龚女士将公寓开发商上海兴吉房地产开发有限公司告上法庭。理由是根据相关规定，自己向兴吉公司购买的地面汽车停车位和地下自行车车库属于小区的公共配套设施，应归全体业主共有，所以兴吉公司无权销售停车位和车库使用权。龚女士一家要求兴吉公司返还购买钱款，并支付因此产生的 430 元利息。

问：本案应如何处理？

（3）甲将自己的两头黄牛交某肉联加工厂乙宰杀，双方口头约定：由乙将牛宰杀后，按净得的牛肉每斤 18 元的价格进行结算；牛头、牛皮、牛下水抵作屠宰费归乙。宰杀后，乙在其中一头牛的下水中发现牛黄 50 克，乙将该牛黄卖出得款 5000 元。甲得知后，向乙索要该 5000 元，被乙拒绝。甲遂向法院起诉，要求确认其对牛黄的所有权，并要求乙返还卖得牛黄所得的 5000 元。

问：本案应如何处理？

用益物权

▦▦ **知识目标**

认识和理解用益物权的概念和体系，掌握各类用益物权的内容和不同法律规则。

▦▦ **技能目标**

在实务中能够根据用益物权的特征，准确判断一个民事纠纷是否属于用益物权纠纷，应当如何正确地解决纠纷。

▦▦ **素质目标**

用益物权具有很强的本土化特征，物权法规定是最足以表现中国特色社会主义发展要求的法律，能据此解决资源所有与利用的矛盾问题，合理利用有限资源。

▦▦ **引例**

1. 城郊某村将靠近河边的 200 亩荒滩，通过公开发布和协商的方式以每年每亩 300 元的标准承包给城里人张某从事种养殖业和旅游的综合开发，承包期为 30 年，双方依法签订了合同并办理了相关手续。在经营 3 年之后，张某因资金紧张，准备向银行申请贷款，并以该土地承包经营权进行抵押。但张某随后在一次车祸中死亡，于是村委会便以承包人死亡为由提出收回该片土地的承包经营权以另行发包。对此，张某的女儿小张提出异议，其认为承包期还没有届满，自己有权继续经营。

（1）土地的承包经营权是否能用以抵押？

（2）小张有没有权利继承其父亲的土地承包经营权？

2. 某甲房地产开发公司拍得某市区河畔的一块土地，准备以"观景"为理念设计并建造一所高层观景商品住宅楼。但该地前面有一平房制衣厂，为了该住宅楼业主能在房间里欣赏河畔风景，双方约定：制衣厂在 30 年内不得在该土地上兴建 3 层以上建筑；作为补偿，甲每年向制衣厂支付 20 万元。3 年后，制衣厂将该土地使用权转让给乙公司，乙公司在该土地上动工修建高层电梯公寓。甲公司得知后，便要求乙公司立即停止兴建，但遭到拒绝。于是甲向法院提起诉讼，请求法院判决乙公司停止施工并同时要求制衣厂承担违约责任。

（1）甲公司和制衣厂之间的地役权合同是否生效？

（2）该地役权合同能否约束乙公司？

项目一　一般规定

随着经济的发展，资源的需求量越来越大。当生活和生产资料的归属确定即所有权确定之后，紧接着就是如何使这些资料以最大效率实现其价值的问题，不然所有权的确定就毫无意义，而实现物之价值的根本方式是对物的使用和收益。一方面，所有权的权能本身就包括了使用、收益的权能，因此，所有人可以通过自己的行为实现对所有物的利用。另一方面，所有人为充分利用所有物，以获取更大的利益，也完全可以通过某种方式将所有物交由他人使用。在现实生活中，由于受各方面条件的限制，所有人往往并不是实现其所有物价值最大化的合适主体。他们意识到，与其坐守其财，不如将所有物交与其他能够发挥所有物价值的人去加以利用，从而获得收益。因此，所有人会通过特定方式将其所有物交与他人加以使用并收益，从而使物上价值得到充分实现，并从中谋取最大利益。[1]

一、概念

用益物权，是为了发挥物的使用价值而设立的一种他物权（或称限制物权），即物的拥有者自不使用，而使他人利用之，以收其利益（对价）。无其物者得支付代价而利用他人之物，而不必取得其所有权。易言之，用益物权具有调剂土地"所有"与"利用"的机能，使物的利用关系物权化，巩固当事人之间的法律关系，得对抗第三人，此为用益物权在法律结构上异于债权的特色。[2]

根据《民法典》物权编的相关规定，我们可将用益物权定义为：权利人对他人之物享有的以使用、收益为目的的物权。这一概念包括以下几层含义：

1. "他人之物"中的他人，是指用益物权以外的人。虽然《民法典》第323条强调用益物权的客体为他人"所有"的不动产或者动产。换言之，这里的"他人"原意上应当限于所有权人，但是在理解上应当更为宽泛。我们认为，这里的"他人"是指用益物权人以外的人，而并不以作为用益物权客体的所有权人为限。这些"他人"既可能是对物享有所有权的人，也可能是对物享有用益物权的人。例如，农村土地承包经营权人、建设用地使用权人可以在土地上为他人（甚至包括土地的所有权人）设定地役权。因此，用益物权也可能是在他人享有用益物权的物上设定的。

2. 他人之物，主要是指他人的不动产。我国《民法典》第323条规定："用益物权人对他人所有的不动产或者动产，依法享有的占有、使用和收益的权利"，明确地将

---

〔1〕　米健："用益权的实质及其现实思考——法律的比较研究"，载《政法论坛》1999年第4期。

〔2〕　王泽鉴：《民法物权——用益物权、占有》，中国政法大学出版社2001年版，第10页。

用益物权的客体界定为不动产与动产。但应当注意根据《民法典》总则编第 116 条规定，物权的种类和内容，由法律规定。即《民法典》奉行物权法定原则，物权的种类及内容必须由法律明文作出规定，禁止行为人任意创设与法律规定不同种类和内容的物权。目前，我国《民法典》物权编明文规定的用益物权种类分别为：土地承包经营权、建设用地使用权、宅基地使用权、居住权和地役权五种，并没有规定在动产上设立的用益物权类型，在其他相关的法律中，也没有出现动产用益物权的具体类型。因此，《民法典》第 323 条允许动产作为用益物权的客体，实际上是为将来物权类型的发展留有余地，在法律没有特别规定之前，不应将动产作为用益物权的客体。

3. 用益物权的内容为占有、使用和收益。占有，是指对物的实际管领和控制。用益物权作为一种特定范围内的支配权，它必然以物的实体上的有形支配，即实体占有为必要。此种占有既可以是直接占有，也可以间接占有。例如，土地承包经营权人将其土地转包，此时，土地承包经营权人对标的物为间接占有而非直接占有。使用，是指依物的自然属性、法定用途或者约定的方式，对物进行实际上的利用。使用包括使用利益，即对物本身加以使用而获得利益。收益，则是指收取获得物的孳息，包括天然孳息和法定孳息。此外，因不动产或者动产被征收、征用而致使用益物权消灭或者影响用益物权行使的，用益物权人有权依据《民法典》第 243 条、第 245 条的规定获得相应补偿。

二、特征

作为物权体系的重要组成部分，用益物权具备物权的一般特征，同时还具有自身的特性，除了以对物的实际占有为前提、以使用收益为目的以外，还有以下几个方面的特征：

1. 用益物权是由所有权派生的物权。所有权是权利人对自己的不动产或者动产，依法享有占有、使用、收益和处分的权利，包括在自己的财产上设立用益物权或担保物权的权利。用益物权则是在他人所有的财产上所设立的权利，即对他人的财产享有占有、使用和收益的权利。因此，用益物权被作为"他物权"，以相对于所有权的"自物权"。

2. 用益物权是受限制的物权。相对于所有权而言，用益物权是不全面的、受一定限制的物权。因此，用益物权属于"定限物权"，以区别于所有权的"完全物权"。用益物权的限制性表现为：用益物权只具有所有权权能的一部分，其权利人享有的是对财产进行占有、使用和收益的权利，且用益物权人必须根据法律的规定及合同的约定正确行使权利。

3. 用益物权是一项独立的物权。用益物权虽由所有权派生，以所有权为权源，但用益物权一经设立，便具有独立于所有权而存在的特性。所有权人对物的支配力受到约束，对物进行占有、使用和收益的权能由用益物权人行使，所有权人不得干涉。所有权人不得随意收回其财产，不得妨碍用益物权人依法行使权利。同时，用益物权的义务人包括任意第三人，用益物权可以对抗所有第三人的侵害，包括干预、占有和使用客体物等。因此，用益物权是一项独立的物权。

三、用益物权的行使原则

用益物权主要以不动产为客体，且大多为土地等自然资源，而自然资源的开发和利用对生态环境有重要影响，这就决定了用益物权在行使上应有特殊要求。《民法典》物权编第 326 条对用益物权人行使权利作了要求，即"用益物权人行使权利，应当遵守法律有关保护和合理开发利用资源、保护生态环境的规定。所有权人不得干涉用益物权人行使权利。"例如，填海造地取得建设用地使用权，就必须考虑海洋生态环境的保护。这实质上是对《民法典》总则编第 9 条规定的绿色原则的贯彻。

四、用益物权的体系

根据《民法典》物权编的规定，我国的用益物权体系总体上由两部分构成：

1. 一般用益物权。《民法典》物权编规定了五种一般用益物权，即土地承包经营权、建设用地使用权、宅基地使用权、地役权和居住权。

2. 特别法上的用益物权。《民法典》物权编第 328 条和 329 条分别确认了海域使用权、探矿权、采矿权、取水权、养殖权、捕捞权的用益物权性质，但这些用益物权需分别适用《矿产资源法》《水法》《海域使用管理法》等特别法。

探矿权、采矿权，取水权和从事养殖、捕捞的权利主要是对国家自然资源的利用。权利人在取得这些权利后，即享有占有、使用和收益的权利，其权能与用益物权是一致的，也需要办理登记并进行公示，符合物权公示的原则。因此，将这些权利纳入用益物权编，并作了原则性、衔接性的规定，以明确这些权利受物权法以及相关法律的保护。但是，特别法上的用益物权与一般的用益物权有所不同，具有自身的特点。一般用益物权通常是通过合同设立的；而探矿权、采矿权，取水权和从事养殖、捕捞的权利须经行政主管部门许可方能设立。根据特别法优于普通法适用的原则，探矿权、采矿权、取水权，以及利用水域、滩涂从事养殖、捕捞的权利，应当适用矿产资源法、水法和渔业法等法律的规定；矿产资源法、水法和渔业法等法律没有规定的，适用民法典的有关规定。

项目二　土地承包经营权

一、土地承包经营权的概念和特征

《民法典》物权编第 330 条规定："农村集体经济组织实行家庭承包经营为基础、

统分结合的双层经营体制。农民集体所有和国家所有由农民集体使用的耕地、林地、草地以及其他用于农业的土地，依法实行土地承包经营制度。"据此，所谓土地承包经营权，是指自然人、法人或其他组织，对农村建设用地之外的土地通过农业生产的方式加以利用的物权。[1]

从现行立法的规定和我国农村土地制度改革的方向来看，此种权利具有下列特征：

1. 土地承包经营权的主体主要为农村集体经济组织的成员。土地承包经营权分为：家庭承包经营权与"四荒"地承包经营权。占主导地位的是以家庭承包经营为基础的土地承包经营权，主体必须是由本集体经济组织成员所组成的农户。《农村土地承包法》第 6 条规定："农村土地承包，妇女与男子享有平等的权利。承包中应当保护妇女的合法权益，任何组织和个人不得剥夺、侵害妇女应当享有的土地承包经营权。"即每个农村集体经济组织的成员，无论男女，都享有土地承包权。

荒山、荒丘、荒沟、荒滩等农村土地（简称"四荒"地）大多采取招标、拍卖、公开协商方式成立土地承包经营权，权利主体无身份限制，即农村集体经济组织成员之外的自然人以及法人和其他组织也有权承包，但应当事先经本集体经济组织成员的村民会议三分之二以上成员或者三分之二以上村民代表的同意，并报乡（镇）人民政府批准；而且在同等条件下，本集体经济组织成员享有优先承包权。

2. 土地承包经营权的客体是集体所有或国家所有由集体使用的农用地。《农村土地承包法》第 2 条规定："本法所称农村土地，是指农民集体所有和国家所有依法由农民集体使用的耕地、林地、草地，以及其他依法用于农业的土地。"

3. 土地承包经营权的内容是对土地通过农业生产的方式加以利用。土地承包经营权人对其土地应当通过农业生产的方式加以利用。所谓农业，依据《农业法》的界定，是指种植业、林业、畜牧业和渔业等产业。因此，权利人对土地的支配方式，体现为在土地上进行农业生产，即进行耕作、造林、畜牧、养殖等。这与建设用地使用权及宅基地使用权在土地上建造、保有建筑物、构筑物和附属设施相比，显然是不同的。因此，内容上的差别或者说土地用途上的差别是土地承包经营权与建设用地使用权的根本区别。当然，在农业生产过程中，也不排除建造一定的建筑物、构筑物，如建造果园的简易房、农田水利设施等，此种建造本质上是附属、辅助于农业生产的。土地承包经营权人进行此种建造行为，并未超出土地承包经营权的内容。

二、土地承包经营权的发展

土地承包经营权是我国农村经济体制改革的产物，对于促进我国农村经济的发展起到了重大的推动作用。1987 年《民法通则》第 80 条正式确立农村土地承包经营权，并将该权利置于第五章第一节"财产所有权和与财产所有权有关的财产权"之中。

---

〔1〕 王利明、尹飞、程啸：《中国物权法教程》，人民法院出版社 2007 年版，第 297 页

1988 年《土地管理法》第 12 条规定："集体所有的土地，全民所有制单位、集体所有制单位使用的国有土地，可以由集体或者个人承包经营，从事农、林、牧、渔业生产。承包经营土地的集体或者个人，有保护和按照承包合同规定的用途合理利用土地的义务。土地承包经营权受法律保护。"1998 年、2004 年《土地管理法》第 14 条再次确认了这一规定，2003 年《农村土地承包法》对土地承包经营权作了详尽的规定，2007 年《物权法》对这一权利作了专章规定。

2018 年 12 月 29 日通过的全国人大常委会《关于修改（中华人民共和国农村土地承包法）的决定》，对土地承包经营权实行"三权分置"，增加了土地承包经营权的内涵。民法典在继续坚持原《物权法》对土地承包经营权原有规定的基础上，也增加了"三权分置"的内容。[1]

三、农村土地"三权分置"制度及价值

十八届三中全会以来，"三权分置"改革是我国农村土地法律制度建设中最引人瞩目的内容，被认为是有效实现乡村振兴、城乡融合以及农业现代化的重要抓手。党和国家政策、文件连续聚焦并不断部署"三权分置"格局的形成与立法完善问题。2018年 1 月 2 日发布的《中共中央、国务院关于实施乡村振兴战略的意见》规定，"完善农村承包地'三权分置'制度，在依法保护集体土地所有权和农户承包权前提下，平等保护土地经营权。"《中共中央办公厅、国务院办公厅关于完善农村土地所有权承包权经营权分置办法的意见》明确指出，完善"三权分置"办法的核心要义就是要不断探索农村土地集体所有制的有效实现形式，落实集体所有权，稳定农户承包权，放活土地经营权，充分发挥"三权"的各自功能和整体效用，形成层次分明、结构合理、平等保护的格局。《农村土地承包法》将"三权分置"政策传达为"土地所有权+土地承包经营权+土地经营权"，《民法典》物权编沿袭了《农村土地承包法》的法律表达，确认农村土地的集体所有权归集体所有是土地承包经营权的前提，农户享有的承包经营权在土地流转中又派生出经营权。集体所有权是根本，土地承包经营权是基础，土地经营权是关键，这三者统一于农村的基本经营制度之中。

值得注意的是，对于"三权分置"中的"集体所有权""土地承包经营权"的物权性质基本无异议，二者分属于所有权与用益物权；但"土地经营权"的法律性质仍存在"物权"与"债权"之争。

四、土地承包经营权的取得

根据《民法典》物权编第 333 条、第 342 条，《农村土地承包法》第 20、32、49、54 条之规定，可将土地承包经营权的取得方式分为依法律行为取得和依法律行为之外

---

〔1〕 杨立新：《物权法》，中国人民大学出版社 2020 年版，第 144 页。

的原因取得。

1. 依法律行为而取得。

（1）农村土地承包经营权的设定。《民法典》物权编第 330 条第 1 款规定："农村集体经济组织实行家庭承包经营为基础、统分结合的双层经营体制。"以及《农村土地承包法》第 1 条规定："为了巩固和完善以家庭承包经营为基础、统分结合的双层经营体制，保持农村土地承包关系稳定并长久不变，维护农村土地承包经营当事人的合法权益，促进农业、农村经济发展和农村社会和谐稳定，根据宪法，制定本法。"第 3 条第 2 款规定："农村土地承包采取农村集体经济组织内部的家庭承包方式，不宜采取家庭承包方式的荒山、荒沟、荒丘、荒滩等农村土地，可以采取招标、拍卖、公开协商等方式承包。"可知我国土地承包经营权设立是以"家庭承包"为主，以"其他方式承包"为补充。

家庭承包与以招标、拍卖、公开协商等方式进行的承包，都应当签订承包合同。承包合同自成立之日起生效，承包方于合同生效时取得土地承包经营权。登记机构应当向土地承包经营权人发放土地承包经营权证、林权证等证书，并登记造册，确认土地承包经营权。

对于荒山、荒沟、荒丘、荒滩等，也可以在将土地经营权折股分给本集体经济组织成员后，再实行承包经营或者股份合作经营。

（2）土地承包经营权的流转。土地承包经营权的流转是指用益物权人通过法律规定的方式从另一用益物权人处所获得的次级用益物权。根据《民法典》物权编第 334、335 条规定，土地承包经营权人依照法律规定，有权将土地承包经营权互换、转让。未经依法批准，不得将承包地用于非农建设。土地承包经营权互换、转让的，当事人可以向登记机构申请登记；未经登记，不得对抗善意第三人。

转让，是对农村土地承包经营权进行法律处分的最彻底的方式，是指土地承包经营权人将其拥有的未到期的土地承包经营权移转给他人的行为。土地承包经营权的转让导致了原承包经营权人的承包经营权的消灭和受让人的土地承包经营权的产生。互换，是指土地承包经营权人将自己的土地承包经营权交给他人行使，自己行使从他人处换来的土地承包经营权。需要注意的是：依据《农村土地承包法》，土地承包经营权的互换、转让仅适用于通过家庭承包方式取得的土地承包经营权；且互换，转让的标的物须是属于同一集体经济组织的土地承包经营权，并向发包方备案；主体须是本集体经济组织的其他农户，并由该农户同发包方确立新的承包关系，而原承包方与发包方在该土地上的承包关系即行终止。

2. 依法律行为以外原因取得承包经营权。依法律行为以外的原因取得承包经营权的情形主要就是继承。《民法典》物权编关于土地承包经营权是否能继承无明确规定。《农村土地承包法》第 16 条规定："家庭承包的承包方是本集体经济组织的农户。农户内家庭成员依法平等享有承包土地的各项权益。"第 24 条第 2 款规定"土地承包经营权证或者林权证等证书应当将具有土地承包经营权的全部家庭成员列入。"第 32 条规定"承包人应得的承包收益，依照继承法的规定继承。林地承包的承包人死亡，其继承人可以在承包期内继续承包。"；第 54 条规定："依照本章规定通过招标、拍卖、公开协商等方式取得土地经营权的，该承包人死亡，其应得的承包收益，依照继承法的规定继承；在承包期内，其继承人可以继续承包。"《关于审理涉及农村土地承包纠纷案件适用法律问题的若干规定（征求意见稿）》第 34 条规定："因土地承包经营权产生的继承问题，按照以下原则处理：①家庭承包的，家庭成员之一死亡的，不发生土地承包经营权继承问题，承包地由家庭其他成员继续承包经营。家庭成员全部死亡，该土地承包经营权消灭，但承包地为林地的除外；②其他方式承包中的承包方为自然人的，其继承人取得土地承包经营权；③其他方式承包中的承包方为单位的，其权利义务承受者取得土地承包经营权；④土地承包经营权已经流转的，依据权利取得方式的不同，参照前两项规定处理。"以及《最高人民法院关于审理涉及农村土地承包纠纷案件适用法律问题的解释》第 23 条规定："林地家庭承包中，承包方的继承人请求在承包期内继续承包的，应予支持。其他方式承包中，承包方的继承人或者权利义务承受者请求在承包期内继续承包的，应予支持。"从上述法律及司法解释可推知：

（1）土地承包经营权的继承：家庭承包的土地承包经营权人应具有本集体成员的资格，乃一项贯彻始终的强制性要求，在创设取得、转让取得和法定移转等阶段，均须满足该要求，否则会因权利主体不适格而不能发生取得和保有土地承包经营权的物权变动效果。因此，对于家庭承包的"耕地""草地"的承包经营权，因其"户内的家庭成员"自身是承包人之一，因而不发生继承；"户外的家庭成员"因主体资格不适宜因而不能继承。但是，家庭承包的"林地"以及以其他方式取得的"四荒地"可以被继承，无论该权利主体是否具有集体成员资格以及无论是否具有家庭成员身份，都有权继承，但不得超出土地经营权的期限。此外，土地经营权的流转需要遵循承包地所有权性质和农业用地用途。

（2）承包收益的继承：承包收益是承包人的生产经营所得，纳入可继承的遗产范围。若农户成员为 1 人，则不存在通过财产权分割以确定遗产范围的问题。若农户成员为数人，该数人对于该生产经营所得享有共同共有权，则应先按照等额分割的原则进行共有财产的分割；在被继承人的承包收益分出后，再由其继承人单独继承或者共同继承。

（3）征收补偿款的继承：征收补偿款属可继承的遗产，但其不属于承包收益的范畴。在性质上，已故承包人应得的征收补偿款基于其作为集体成员、土地承包经营权人和地上青苗及其他附着物的所有权人而所有，在上述事项被征收后，其获得的补偿款乃是由其所享有的原财产权转化而来的财产，理应属于遗产。此外，因征收补偿款不具特定身份性，故无须像土地承包经营权的继承那样须将继承主体的范围限定为特定的继承人，凡是已死亡承包人的继承人都有权继承。[1]

▩▩▩▩ 案例

被告李格梅与原告李维祥系姐弟关系。农村土地实行第一轮家庭承包经营时，原、被告与其父李圣云、其母周桂香共同生活。当时，李圣云家庭取得了6.68亩土地的承包经营权。此后，李格梅、李维祥相继结婚并各自组建家庭。至1995年农村土地实行第二轮家庭承包经营时，当地农村集体经济组织对李圣云家庭原有的6.68亩土地的承包经营权进行了重新划分，李维祥家庭取得了1.8亩土地的承包经营权，李格梅家庭取得了3.34亩土地的承包经营权，李圣云家庭取得了1.54亩土地的承包经营权，三个家庭均取得了相应的承包经营权证书。1998年2月，李圣云将其承包的1.54亩土地流转给本村村民芮国宁进行经营，流转协议由李格梅代签。2004年11月3日和2005年4月4日，李圣云、周桂香相继去世。此后，李圣云家庭原承包的1.54亩土地的流转收益被李格梅占有。原告李维祥曾多次与李格梅协商，李格梅均不同意返还。因此，原告李维祥请求判令其对该3.08亩土地中的1.54亩土地享有继承权，判令被告向原告交付该部分土地。

五、土地承包经营权的内容

1. 土地承包经营权人的权利和义务。

（1）土地承包经营权人的主要权利：①占有、使用承包地的权利；②享有收获物所有权的权利；③自主组织生产经营和处置产品的权利；④依法互换、转让土地承包经营权的权利；⑤依法流转土地经营权的权利；⑥承包地被依法征收时获得足额补偿的权利；⑦对提高土地生产能力的投入享有补偿的权利；⑧依法请求延长土地承包经营权存续期限的权利；⑨依法解除承包合同、终止土地承包经营权的权利；⑩自愿交回承包地的权利。

（2）土地承包经营权人的义务：①维持土地的农业用途，未经依法批准不得用于非农建设；②依法保护和合理利用土地，不得给土地造成永久性损害；③法律、行政法规规定的其他义务。

2. 发包人的权利和义务。

（1）发包人的权利：①发包本集体所有的或者国家所有依法由本集体使用的农村土地；②监督承包方依照承包合同约定的用途合理利用和保护土地；③制止承包方损害承包地和农业资源的行为；④依法收回发包土地的权利；⑤制止承包方损害承包地和农业资源的行为。

（2）发包人的义务：①维护承包方的土地承包经营权，不得非法变更、解除承包合同；②尊重承包方的生产经营自主权，不得干涉承包方依法进行正常的生产经营活

---

[1] 王洪平："权益主体视角下农户家庭成员土地承包权益研究"，载《现代法学》2020年第3期。

动；③依照承包合同的约定为承包方提供生产、技术、信息等服务；④执行县、乡（镇）土地利用总体规划，组织本集体经济组织内的农业基础设施建设；⑤法律、行政法规规定的其他义务。

（四）土地承包经营权的消灭

1. 因土地承包经营权期限届满而消灭。土地承包经营权是一种有期限的用益物权，在约定的或法定的使用期限届满时，土地承包经营权归于消灭。但应注意《民法典》物权编第332条规定，耕地的承包期为30年。草地的承包期为30~50年。林地的承包期为30~70年。前款规定的承包期限届满，由土地承包经营权人依照农村土地承包的法律规定继续承包。因此，承包期限的届满并不必然导致土地承包经营权的消灭。

2. 因农村土地承包经营权收回而消灭。我国《民法典》物权编原则上不允许发包人在承包期内收回承包地。同时《农村土地承包法》第27条进一步强调"承包期内，发包方不得收回承包地。国家保护进城农户的土地承包经营权。不得以退出土地承包经营权作为农户进城落户的条件。承包期内，承包农户进城落户的，引导支持其按照自愿有偿原则依法在本集体经济组织内转让土地承包经营权或者将承包地交回发包方，也可以鼓励其流转土地经营权。"但也设置了例外情形，出于保护耕地的要求，《土地管理法》第38条第1款规定："禁止任何单位和个人闲置、荒芜耕地。已经办理审批手续的非农业建设占用耕地，1年内不用而又可以耕种并收获的，应当由原耕种该幅耕地的集体或者个人恢复耕种，也可以由用地单位组织耕种；1年以上未动工建设的，应当按照省、自治区、直辖市的规定缴纳闲置费；连续2年未使用的，经原批准机关批准，由县级以上人民政府无偿收回用地单位的土地使用权；该幅土地原为农民集体所有的，应当交由原农村集体经济组织恢复耕种。"

3. 因土地承包经营权人自愿交回承包地而消灭。《农村土地承包法》第30条规定，承包期内，承包方可以自愿将承包地交回发包方。承包方自愿交回承包地的，应当提前半年以书面形式通知发包方。承包方在承包期内交回承包地的，在承包期内不得再要求承包土地。

4. 因土地的灭失而消灭。土地承包经营权人行使其权利从事农业生产时，以占有土地为前提。当设立承包经营权的土地灭失时，土地承包经营权消灭；或者土地虽未灭失，但因其性质改变而不能再作农业目的的使用时，土地承包经营权消灭。

5. 因承包地被征收而消灭。在国家为了公共目的的需要对承包地进行征收时，土地承包经营权消灭。所谓征收是指出于公共利益目的，国家依照法定程序强制获得他人不动产物权并给予合理补偿的行为。

六、土地经营权

土地经营权是在农村土地"三权分置"改革中提出的概念，"三权分置"即"落实集体所有权、稳定农户承包权、放活土地经营权"。在这"三权"之中，集体所有权、农户承包权（土地承包经营权）是物权法确立的物权制度，但土地经营权究竟应当被赋予物权的效力还是仅仅将其作为债权对待，意见不一，需要慎思。从应尽可能地优化权利人的法律地位、使土地经营权成为更为有效的融资手段等方面出发，将土地经营权设计为用益物权确有必要。物权说有如下优势：①方便土地进行经营流转。通说认为，用益物权人可以处分用益物权这一权利本身。因此在土地经营权流转中，只需土地经营权人与交易相对人合意即可，无需他人同意。②不受 20 年最长租赁期限限制。若土地经营权为物权，则无需受 20 年最长租赁期的债权限制。③增强交易安全。若土采物权行为无因性理论，即使设立土地经营权的合同效力发生变化，经登记产生的土地经营权仍然存在。④增强土地经营权的融资功能。若土地经营权为物权，在登记制度的协力下通过不动产抵押，其融资功能远远强于土地经营权作为债权时的权利质押。[1]

（一）土地经营权的取得

根据《民法典》物权编第 339 条规定"土地承包经营权人可以自三决定依法采取出租、入股或者其他方式向他人流转土地经营权"。第 342 条规定："通过招标、拍卖、公开协商等方式承包农村土地，经依法登记取得权属证书的，可以依法采取出租、入股、抵押或者其他方式流转土地经营权。"《农村土地承包法》第 44 条规定："承包方流转土地经营权的，其与发包方的承包关系不变。"根据上述规定可知"土地经营权"是从"土地承包经营权"流转取得的，属于"土地承包经营权"的次级权利。流转方式包括出租、入股、抵押等。流转后"土地承包经营权"人的"土地承包权"仍然存在，其法律地位未发生改变。对于土地经营权流转，当事人双方应当签订书面流转合同。需要注意的是，采用家庭承包方式取得的土地承包经营权流转土地经营权，适用的是《民法典》物权编第 341 条的规定"流转期限为 5 年以上的土地经营权，自流转合同生效时设立。当事人可以向登记机构申请土地经营权登记；未经登记，不得对抗善意第三人。"即，双方合意，签订土地经营流转合同即可；而其他方式取得的土地承包经营权流转土地经营权时，适用的是《民法典》物权编第 342 条的规定，双方合意签订土地经营权流转合同之前需依法登记取得权属证书。

（二）土地经营权的内容

1. 占有、使用，收益的权利。土地经营权人有权在合同约定的期限内占有农村土地，自主开展农业生产经营并取得收益。

2. 再流转的权利。经承包方书面同意，并向本集体经济组织备案，受让方可以再流转土地经营权。

---

〔1〕 于飞："从农村土地承包法到民法典物权编：'三权分置'法律表达的完善"，载《法学杂志》2020 年第 2 期。

3. 抵押的权利。承包方可以用承包地的土地经营权向金融机构融资担保，并向发包方备案。受让方通过流转取得的土地经营权，经承包方书面同意并向发包方备案，可以向金融机构融资担保。担保物权自融资担保合同生效时设立。当事人可以向登记机构申请登记；未经登记，不得对抗善意第三人。实现担保物权时，担保物权人有权就土地经营权优先受偿。

项目三　建设用地使用权

一、建设用地使用权的概念与特征

建设用地使用权是指自然人、法人或者其他组织依法享有的在国家所有的土地上建造建筑物、构筑物及其附属设施的权利。我国《民法典》物权编第 344 条规定："建设用地使用权人依法对国家所有的土地享有占有、使用和收益的权利，有权利用该土地建造建筑物、构筑物及其附属设施。"

建设用地使用权具有以下法律特征：

1. 建设用地使用权的主体十分广泛。我国建设用地使用权的主体是除国家以外的其他民事主体，即自然人、法人或者其他组织都可以依法取得建设用地使用权。

2. 建设用地使用权的客体是国家所有的土地。根据《民法典》物权编第 344 条规定，以及第 361 条规定的"集体所有的土地作为建设用地的，应当依照土地管理的法律规定办理"，可知《民法典》物权编第十二章所规定的建设用地使用权是在国有土地上设立。

3. 建设用地使用权的客体可以在土地的地表、地上或者地下分别设立。《民法典》物权编第 345 条规定："建设用地使用权可以在土地的地表、地上或者地下分别设立。"这一规定实际上承认了三种建设用地使用权，即地表建设用地使用权、地上建设用地使用权、地下建设用地使用权。现代建筑技术可以支持对地表、地下和地上的同时开发利用。例如，地表可建建筑物，地上可建高架桥，地下可建地铁、隧道、地下停车场等。在学理上，前者被称为普通建设用地使用权，比较法上将其称为普通地上权；而后两者被统称为空间建设用地使用权或区分建设用地使用权，比较法上将二者统称为空间地上权或区分地上权。从比较法上看，尽管普通建设用地使用权与空间建设用地使用权同属于建设用地使用权（地上权）的范围，但空间建设用地使用权因客体为空间而具有一定的独立性，在立法例上有分别将二者加以规范的作法。例如，《日本民法典》第 269 条之二专门规定了区分地上权，我国台湾地区"民法"在"地上权"一章分两节规定了"普通地上权"与"区分地上权"。应当如何对空间建设用地使用权加以规定，崔建远教授主张，最好以"空间权"的形态予以表现。

4. 建设用地使用权的内容为建造和保有建筑物、构筑物及其附属设施。建设用地使用权是以建造和保存建筑物、构筑物及其附属设施为目的的权利。其中，建筑物特指人可以在其中进行生活或生产经营活动的房屋或其他场所，如住宅、办公楼、厂房等；构筑物是指人不能在其中进行生活或生产经营活动的场所，如道路、桥梁、隧道等；附属设施，依具体情况加以判断，通常是指建筑物、构筑物所附属的园林、草坪等。

5. 建设用地使用权是一种典型的限制物权。建设用地使用权以占有国有土地为前提，以对他人土地进行使用、收益为目的。一方面，建设用地使用权受到法律限制和土地所有权人的限制，如不得对其进行处分，不得永久设立该权利，以及在土地使用用途和使用费上受所有权人意思约束；另一方面，该权利又对所有权人进行了限制，约束了所有权人对土地的实际支配权，是用益物权的典型形式。

二、建设用地使用权行使的原则

设立建设用地使用权，应当符合节约资源、保护生态环境的要求，遵守法律、行政法规关于土地用途的规定，不得损害已经设立的用益物权。

三、建设用地使用权的取得

从各国或者地区的立法例来看，对于建设用地使用权的取得，通常有以下几种取得方式：其一，通过法律行为取得，通常主要指通过合同的方式取得，即由非土地所有权人与土地的所有权人订立合同设定建设用地使用权，并且建设用地使用权的设定应采用书面形式并经登记。其二，通过法律行为以外的原因取得，包括因时效取得、继承取得和依据法律规定取得。根据我国《民法典》物权编的规定，设立建设用地使用权的方式通常包括两种：建设用地使用权的出让与划拨。

1. 出让取得。建设用地使用权的出让，是指国家在一定年限内将建没用地使用权出让给土地使用者，由土地使用者向国家支付出让金的行为。目前我国出让建设用地使用权的方式有四种：招标、拍卖、挂牌和协议出让。《城市房地产管理法》第 13 条规定："土地使用权出让，可以采取拍卖、招标或者双方协议的方式。商业、旅游、娱乐和豪华住宅用地，有条件的，必须采取拍卖、招标方式；没有条件，不能采取拍卖、招标方式的，可以采取双方协议的方式。采取双方协议方式出让土地使用权的出让金不得低于按国家规定所确定的最低价。"

> **知识链接**
>
> 招标出让，是指出让人发布招标公告，邀请特定或者不特定的公民、法人和其他组织参加建设用地使用权投标，根据投标结果确定土地使用者的行为。
>
> 拍卖出让，是指出让人发布拍卖公告，由竞买人在指定时间、地点进行公开竞价，根据出价结果确定土地使用者的行为。

挂牌出让，是指出让人发布挂牌公告，按公告规定的期限将拟出让宗地的交易条件在指定的土地交易场所挂牌公布，接受竞买人的报价申请并更新挂牌价格，根据挂牌期限截止时的出价结果确定土地使用者的行为。

协议出让，是指出让人与受让人就出让建设用地使用权的有关事项，如出让土地面积、年限、用途、出让金数额等内容进行协商，双方达成一致的意思表示，并签订建设用地使用权出让协议的行为。以上出让方式分别适用于不同的范围，其中，协议出让方式只有在商业、旅游、娱乐、商品住宅等各类经营性用地用途以外的用地，而且同一宗地只有一个意向用地者的情况下才可适用。这是由于协议出让方式将其他潜在竞争者排除在外，而且交易环节不公开不透明，缺乏监督，所以容易形成"暗箱操作"，导致各种权力寻租现象，国有土地价值被人为低估，造成国有资产流失。

《民法典》物权编第349条规定："设立建设用地使用权的，应当向登记机构申请建设用地使用权登记。建设用地使用权自登记时设立。登记机构应当向建设用地使用权人发放权属证书。"可见，在建设用地使用权的设定方面，我国采用了严格的登记生效主义。

2. 划拨取得。建设用地使用权的划拨，是指土地使用人经县级以上人民政府依法批准，在缴纳补偿安置等费用后取得或者无偿取得没有使用权期限限制的建设用地使用权。与建设用地使用权的出让相比，建设用地使用权的划拨具有如下特征：①划拨是一种行政行为。一方主体为行政机关，另一方主体为行政相对人，双方之间形成行政法律关系，二者处于管理和被管理的地位，双方地位不平等。②划拨是一种无偿法律行为，不以支付对价为条件。虽然在存在土地原有使用人的情况下，用地人要对原用地人进行安置补偿，但这不是取得划拨土地的对价。而且还有大量的划拨土地无须支付补偿即可拨付使用人使用。③用途的限定性。只有在符合法律规定的条件下方可以划拨方式设立建设用地使用权，主要适用于国家机关、军事机关和基础设施项目等社会公益项目建设。④划拨的效果是创设用益物权。划拨本身是行政行为，但这种行政行为的后果却是建设用地使用权的设立，虽然以划拨方式设立的建设用地使用权受到法律更大的限制，但它依然是一种独立的民事权利。

四、建设用地使用权的内容

（一）建设用地使用权人的权利

1. 占有、使用土地的权利。任何用益物权都是以占有为前提的物权，建设用地使用权也不例外。建设用地使用权人对于土地的占有属于有权占有，同时也适用占有的法律保护规定。使用土地权利，是指建设用地使用权人可以依照法律规定或出让合同所约定的用途，以建造和保有建筑物、构造物以及其他工作设施为目的，对建设用地所进行使用和收益。

2. 处分建设用地使用权的权利，包括：转让、互换、出资、赠与或抵押等。

（1）转让，是指权利人将建设用地使用权以合同方式移转给他人，由转让人向受让人收取转让金的法律行为。

知识链接

因取得方式不同，建设用地使用权的转让适用不同的规则。①以出让方式获得的建设用地使用权，必须符合下列条件方可转让：其一，按照出让合同的约定已经支付全部出让金，并取得建设用地使用权证书。其二，按照出让合同的约定进行投资开发，属于房屋建设工程的，需完成开发投资总额的25%以上；属于成片开发土地的，需形成工业用地或者其他建设用地条件。转让房地产时房屋已经建成的，还应当持有房屋所有权证书。未按出让合同规定的期限和条件投资开发、利用土地的，建设用地使用权不得转让。在建设用地使用权转让后，对该权利的使用也有限制条件：一是新的受让人不得改变出让合同所载明的权利和义务。二是在建设用地使用权转让时，地上建筑物、其他附着物的所有权随之转让。三是转让后的建设用地使用权的使用年限为出让合同规定的使用年限减去原土地使用者已使用年限的剩余年限。②以划拨方式取得的建设用地使用权的转让不同于以出让方式取得的建设用地使用权的转让，建设用地使用权的划拨一般是基于公益目的，以无偿或低偿获得的，如果允许划拨的土地使用权任意转让，国家采用划拨方式供应土地的公益目的就会落空。而且，如果划拨土地不加限制地进入市场交易，将会严重冲击土地一级市场和二级市场，因此我国法律一般不允许转让划拨的土地使用权。但考虑到我国现阶段还有大量历史遗留的划拨土地用于非公益目的，为鼓励符合条件的划拨土地转为出让土地，促进其合理流动，我国法律对符合一定条件的划拨土地使用权作出了允许转让的规定。

（2）互换，以互换的方式转让建设用地使用权的，对价不是价金，而是其他财产或特定的财产权益。建设用地使用权人将建设用地使用权移转给受让人，以此取得受让人提供的其他财产或特定的财产权益。

（3）出资，其介于买卖和交换之间，既类似买卖，因为其将土地使用权来作价，所作之价如同买卖之价金；又类似交换，因为土地使用权被用来入股，所得之股如同其他财产或特定的财产权益。

（4）赠与，是指建设用地使用权人将其土地使用权无偿移转给受赠人的法律行为。

（5）抵押，是指建设用地使用权人在不转移土地占有的情况下，将建设用地使用权作为债权的担保，当债务人不履行债务时，债权人有权依法就该建设用地使用权所得的价款优先受偿。抵押人和抵押权人应签订书面抵押合同，并在土地登记机关办理抵押权登记。用以划拨方式取得的建设用地使用权进行抵押的条件和转让取得的相同，需经有关行政机关批准。

3. 附属行为。建设用地使用权人可以在其地基范围内进行非保存建筑物或其他工作物的附属行为，如修筑围墙、种植花木、养殖等。

4. 取得地上建筑物或其他工作物的补偿。《民法典》物权编第 358 条规定："建设用地使用权期限届满前，因公共利益需要提前收回该土地的，应当依据本法第 243 条的规定对该土地上的房屋以及其他不动产给予补偿，并退还相应的出让金。"

（二）建设用地使用权人的义务

1. 合理使用土地的义务。建设用地使用权人必须按照出让合同规定的方式对该土地加以利用，未经有关主管机关许可不得改变土地用途，否则国家可以无偿收回土地使用权。

2. 不得闲置土地的义务。1 年内土地未开发的，收取不高于土地出让金 20% 的闲置金；连续 2 年闲置土地的，无偿收回土地，以及在建设用地使用权消灭时恢复土地原状。

五、建设用地使用权的消灭

建设用地使用权作为一种物权，可因物权消灭的一般原因而归于消灭，如灭失、征收、抛弃等。此外，还因一些特殊原因而消灭，现分述如下：

（一）使用权存续期限届满

建设用地使用权属于有期物权，在期限届满之时，如果使用权人没有续期，建设用地使用权终止，土地所有人重新获得对土地的圆满支配权，重新对该土地享有占用、使用、收益、处分等全部权能。但应注意《民法典》物权编第 359 条规定了："住宅建设用地使用权期限届满的，自动续期。续期费用的缴纳或者减免，依照法律、行政法规的规定办理。非住宅建设用地使用权期限届满后的续期，依照法律规定办理。该土地上的房屋以及其他不动产的归属，有约定的，按照约定；没有约定或者约定不明确的，依照法律、行政法规的规定办理。"

1. 自动续期：是指一旦期满以后，不需要土地使用权人申请，不需要办理审批手续，就自动续期。

2. 续期的期限：按照《中共中央国务院关于完善产权保护制度依法保护产权的意见》上所提出的要求，研究住宅建设用地等土地使用权到期后续期的法律安排，推动全社会对公民财产长久受保护的良好和稳定预期。这就意味着，续期应该尽可能长一点。因此有学者提出，续期的期限应根据原来建设用地使用权的期限进行续展，即原来期限是 70 年的，期满后续期 70 年；原来期限是 50 年的，期满后续期 50 年。

3. 续期的费用：根据"续期费用的缴纳或者减免，依照法律、行政法规的规定办理"的表述，具有三个含义：一是续期需要收费；二是收费可能会减或免；三是只有法律或行政法规才能对此作出规定，而不能是由其他层级更低的法律法规加以规定，比如部门规章。

（二）国家收回使用权

《民法典》物权编第 358 条规定："建设用地使用权期限届满前，因公共利益需要提前收回该土地的，应当依据本法第 243 条的规定对该土地上的房屋以及其他不动产给予补偿，并退还相应的出让金。"通过划拨方式取得建设用地使用权的，由于取得的无偿性，国家可以随时收回，不予补偿。需要明确的是，这种无偿指的是对建设用地使用权不予补偿，而对其地上建筑物、其他附着物，收回时应当根据实际情况给予适当补偿。通过出让方式取得建设用地使用权的，根据收回原因的不同，可分为两种情形：一是符合法定收回的条件，如使用权人未经批准擅自改变用途、长期闲置土地等违法行为，可以收回建设用地使用权；二是因土地使用者不履行建设用地使用权出让合同而收回土地使用权。

（三）土地灭失

土地灭失是指由于自然原因而造成原土地性质的彻底改变或原土地面貌的彻底改变，如因地震、火山爆发、水灾、地面塌陷等自然灾害导致土地实际使用价值的消失，致使土地使用者无法按照合同约定或批准文件规定的用途利用土地，从而终止建设用地使用权。

（四）使用权人死亡无人继承

当建设用地使用权人为自然人时，其死亡后，建设用地使用权应由其继承人继承，如果没有继承人，建设用地使用权当然灭失，由国家收回土地。

（五）没收

法院或有权的行政机关，基于司法权或行政权，可以对违法当事人作出没收财产的处罚。如果当事人拥有以出让方式获得的建设用地使用权，可以对该建设用地使用权进行没收，剥夺原权利人所享有的建设用地使用权，导致其建设用地使用权终止。

项目四　宅基地使用权

一、宅基地使用权的概念和特征

《民法典》物权编第 362 条规定："宅基地使用权人依法对集体所有的土地享有占有和使用的权利，有权依法利用该土地建造住宅及其附属设施。"由此可见，宅基地使用权是指自然人依法对集体所有的土地享有占有和通过建造房屋及其他附属设施等方式予以使用的权利。以下分几点进行简单论述：

1. 权利主体的特定性。宅基地使用权的主体只能是农村集体经济组织的成员，只有集体经济组织内的成员和农户才有资格向其所在的集体经济组织申请农村宅基地使用权。城镇非农业户口的居民以及集体经济组织以外的人一般不能申请宅基地使用权。

2. 权利客体的特定性。宅基地使用权的客体限于集体所有的土地，在国有土地上不得设立宅基地使用权。

3. 权利内容的特定性。宅基地使用权的内容限于建造、保有住宅及其附属设施。所谓建造农村村民的个人住宅，是指农村村民所建住房以及与其居住生活有关的其他建筑物和设施，如厨房、厕所、院墙、储藏室。

4. 权利取得的无偿性。宅基地使用权具有较强的身份属性，同时具有社会保障和社会福利的性质。使用权人无需支付相应的对价就可以获得本集体组织所分配的宅基地使用权。但是，农村村民取得宅基地使用权必须办理法定的申请程序，在经过有关部门的批准后方可取得。

5. 权利的无期性。农村村民在取得农村宅基地使用权后可以世代使用，并且这种使用是受法律保护的，任何单位和个人不得随意侵犯，且在宅基地上的房屋消灭后，使用权人对宅基地的使用权仍然存在，其可以重新建造房屋。

二、宅基地使用权的取得

根据我国相关法律的规定，宅基地使用权的取得方式可分为三类：

1. 申请取得。申请取得是宅基地使用权的设立方式。申请农村宅基地使用权的主体必须是农村村民，而且必须以户的名义申请，一户只能申请一处。且宅基地使用权的设立需遵循下列规则：

（1）申请人存在合理的住房需求。即申请人没有宅基地，或者因结婚等原因致使原有的宅基地不敷所需。

（2）不存在法律规定的禁止申请事由。《土地管理法》第62条第1款规定："农村村民一户只能拥有一处宅基地，其宅基地的面积不得超过省、自治区、直辖市规定的标准。"以及第5款规定："农村村民出卖、出租、赠与住宅后，再申请宅基地的，不予批准。"

（3）应当符合城乡土地利用总体规划。根据《土地管理法》的规定，宅基地的面积不得超过省、自治区、直辖市规定的标准。

（4）须经法定程序。农村村民使用宅基地应当先向村农业集体经济组织或者村民委员会提出申请，经村民代表大会或村民大会讨论通过后，报人民政府批准。其中，使用原有宅基地、村内空闲地和其他土地的，经乡人民政府审核，由县级人民政府批准；占用农用地的，按照农用地转用的有关规定报有审批权的县级以上人民政府批准。经过有批准权的人民政府批准后，核发证书，登记造册，确认宅基地使用权。

应当注意《民法典》物权编并未明确规定宅基地使用权采用的是登记生效主义还是登记对抗主义，通说认为应采用登记对抗主义。

2. 让与取得。宅基地使用权可以基于合同行为而获得。但应当注意，根据现行法律和国家规定，宅基地使用权不能单独转让，只是基于"地随房走"的原则，可以随地上房屋的转让和赠与而一并被转让和赠与，但其接受主体仅限于符合申请取得宅基地使用权条件的本集体经济组织成员。即禁止农村居民与城镇居民之间的宅基地使用权的转让，但有限地允许同村村民之间的宅基地使用权的转让。

3. 继承取得。农村宅基地使用权不能单独继承。依据我国法律规定，宅基地的所有权和使用权是分离的，宅基地的所有权属于村集体，村民只有宅基地使用权，不能随意对宅基地进行处置，但建筑在宅基地上的房屋可作为其遗产由继承人继承，按照房地一体原则（地随房走），继承人继承取得房屋所有权和宅基地使用权，因此农村宅基地使用权不能被单独继承。此外，与转让取得不同的是，根据《不动产登记操作规范（试行）》明确规定，非本农村集体经济组织成员（含城镇居民），因继承房屋占用宅基地的，可按相关规定办理确权登记，在不动产登记簿及证书附记栏注记"该权利人为本农民集体原成员住宅的合法继承人"，即宅基地使用权，城镇户籍子女可继承。

需特别指出的是，继承后房屋灭失的，不能进行重建或者以其他方式继续使用这块宅基地，由村集体经济组织按法定程序收回其宅基地使用权另行安排。符合一户一宅的村民除外。

三、宅基地使用权的内容

1. 宅基地使用权人的主要权利。宅基地使用权人的主要权利有：

（1）占有权。宅基地使用权人有权对集体土地进行直接控制与支配。为实现使用和收益目的、宅基地使用权人必须占有土地。

（2）使用权。宅基地使用权人有按照申请时规定的用途使用土地。即在依法取得的宅基地建造住宅，包括房屋和其他附属物，并取得对住宅的完全所有权。

（3）收益权。即在宅基地空闲处从事种植并收益的权利，宅基地使用权人在庭院、房前屋后种植树木、花草等收益归使用权人所有。

（4）转让权。如前文所述，同村村民之间就宅基地的转让应是有限制条件的转让。转让时必须同时具备以下条件：①转让人拥有二处以上的农村住房（含宅基地）；②转让人与受让人为同一集体经济组织内部的成员；③受让人没有住房和宅基地，且符合宅基地使用权分配条件；④转让行为须征得本集体经济组织同意；⑤宅基地使用权不得单独转让，必须与合法建造的住房一并转让。

（5）物权请求权。宅基地使用权是一项用益物权，宅基地使用权人为了排除他人妨害，可以行使物权请求权，要求妨害人停止侵害、排除妨害、消除危险、返还占有、恢复原状等。

2. 宅基地使用权人的义务。宅基地使用权人的主要义务。

（1）按规定用途使用的义务。宅基地使用权人须按规定用途使用，不能擅自改变土地用途，不得超出规定的宅基地面积的义务。依《土地管理法》第 62 条第 1 款的规定，农村村民一户只能拥有一处宅基地，其宅基地的面积不得超过省、自治区、直辖市规定的标准，各省、自治区、直辖市对宅基地的面积标准作出规定。

（2）不得违法转让的义务。现行法律政策禁止城镇居民在农村购置宅基地，农村居民有不向城镇居民转让宅基地使用权的义务。

四、宅基地使用权的消灭

宅基地使用权的消灭，有下列几种原因：

1. 宅基地的收回和调整。土地所有权人根据城镇或乡村的发展规划，可以收回或调整宅基地。土地所有权人收回宅基地的，应当另行批准相应的宅基地使用权，以保证居民的生活需要。

2. 宅基地的征收。国家为了公共利益的需要，可以征收宅基地，并就宅基地上的建筑物给予相应的补偿。

3. 宅基地使用权的抛弃。宅基地使用权虽经审批取得，其仍属于民事权利的一种，权利人有权抛弃宅基地使用权。但抛弃者，不得再申请新的宅基地使用权。

4. 宅基地的灭失。作为宅基地使用权客体的土地，如果其发生灭失，则宅基地使用权丧失了存在的基础，应归于消灭。原宅基地使用权人有权重新申请获得宅基地使用权。

此外应注意，已经登记的宅基地使用权消灭的，应当及时办理注销登记。

项目五　居住权

一、居住权的概述

（一）制度的由来

剥开罗马法的"物权之笋"，我们会对居住权作为用益物权的历史源头和法律逻辑看得更清楚。根据罗马法，物权分为所有权和他物权两"大"类，他物权分为用益物权和担保物权两"中"类，用益物权又分为役权、地上权和永佃权三"小"类。所谓役权，是为特定的土地或特定人的便利和收益而利用他人之物的权利，是在他人所有权上设定的一种负担。其中，为特定的土地便利而利用他人特定土地的权利是地役权，而为特定人的利益利用他人所有之物的权利是人役权。居住权是役权的一种。承袭罗马法居住权规定之传统，法国、德国、瑞士、意大利等国的民法典等均规定了居住权制度。[1] 对于我国是否应当引入居住权制度，在《物权法》的制定过程中就存在很大

---

〔1〕 邱鹏："'你应知道的民法典'之二：恰逢其时居住权"，载"法林鹏踪"公众号，2020 年 7 月 15 日。

争议，立法中也出现过反复，最终《物权法》没有规定居住权。在《物权法》通过后，对是否引入居住权的争议仍没有中断，一些学者提出了引入居住权的具体建议。在编纂《民法典》物权编时，最终增设了居住权。民法典之所以专章规定居住权，归根结底是为了回应中国社会对居住权制度的需求。全国人大常委会在《关于〈中华人民共和国民法典（草案）〉的说明》中即指出，增加规定"居住权"这一新型用益物权，是为了贯彻党的十九大所提出的加快建立多主体供给、多渠道保障住房制度的要求，满足居住权人稳定的生活居住需要。

（二）功能及意义

保障住有所居是居住权入典的主要原因。根据学者们的研究，居住权入典至少有以下几个方面的重要意义：

第一，开辟了更为广阔的以房养老途径。通过规定居住权制度，赋权于民，则能够让有住房的老年人根据自己的实际情况，自主选择是否在生前将房产出售，同时保留物权性的居住权，

第二，助推完善多层次的住房保障体系。有学者指出，在商品房以外的住房保障房领域，采取的不是产权式保障，而应是以保障居住为目的的居住权式保障，如此可有效解决保障房领域的违规申请、炒作投机等问题。此外，居住权制度也是解决小产权问题的一个有效方案：让小产权房的购买者取得居住权而非所有权，既不违背集体土地宅基地进入集中市场的强制性规定，又可满足投资者的需求，还可以稳定低价房地产的市场价格。

第三，有利于平衡房屋居住和房屋继承的关系。如前所述，居住权诞生的重要原因，就是为了在继承人对房屋的继承权益与利益相关者对房屋的居住权益之间取得平衡。有了居住权这一"平衡利器"，"上帝的归上帝，凯撒的归凯撒"，房屋所有人在采取遗嘱形式处分房产时会免去很多纠结，从而实现"既能保障居住权人的居住利益的满足，又能使财富的走向符合财富创造人的意志"的双重功效。[1]

（三）概念及特征

居住权是以居住为目的，对他人的住房及其附属设施所享有的占有、使用的权利。根据《民法典》物权编第366条规定，居住权被定义为："居住权人按照合同约定，对他人的住宅享有占有、使用的一种用益物权，以满足生活居住的需要。"根据上述定义，我们可以看出，居住权具有以下特征：

1. 居住权是在他人所有的住宅上所设立的物权。设立居住权是住宅所有权人处分自己财产的一种方式，住宅所有权人根据自己的意思自由在自己所有的住宅的全部或者部分上为他人设立居住权。此外，根据本条的规定，居住权只能在他人所有的住宅

---

〔1〕 邱鹏："'你应知道的民法典'之二：恰逢其时居住权"，载"法林鹏踪"公众号，2020年7月15日。

上加以设立，在其他类型的房屋上不能设立居住权。

2. 居住权是一种用益物权。用益物权是以支配标的物的使用价值为内容的物权。我国的用益物权主要包括土地承包经营权、建设用地使用权、宅基地使用权、居住权和地役权等。应特别注意的是，并非所有居住他人住宅的权利均是本条规定的居住权。如果当事人之间存在抚养、扶养、赡养、租赁、借用等关系，也同样可能享有居住他人住宅的权利。但由此而享有的权利不具有物权的排他效力，不是《民法典》物权编第366条规定的居住权。居住权与住宅租赁权都是对他人住宅进行占有、使用，但二者之间存在明显的区别：

（1）权利性质不同。居住权是一种用益物权，是绝对权，其必须要通过登记才能设立；而房屋租赁权是基于合同产生的一种债权，是相对权，其设立不需采取登记的方式。

（2）权利主体不同。居住权具有人役权属性，其权利主体是自然人；而住宅租赁权的权利主体既可以是自然人，也可以是法人或非法人组织。

（3）权利期限不同。《民法典》物权编对居住权的期限没有加以限制，住宅所有权人可以为居住权人设置终身期限；而根据原《合同法》之规定，租赁期限不得超过20年，超过部分无效，《民法典》合同编第705条也坚持了同样的观点。

（4）所有权人的权利不同。居住权一旦设立，所有权人就丧失了解除居住权合同的权力（因为居住权合同的目的就是设立居住权，所以居住权设立即意味着居住权合同已因履行完毕而消灭，其无法再成为解除权的对象）；但租赁权成立后，出租人仍可依法解除租赁合同，承租人面临的不确定性显然更大。此外，租赁权的取得一般是有偿的；而居住权的设立原则上是无偿的，另有约定的除外。

二、居住权的取得

（一）设立

居住权的设立，主要采用意定的方式，其可以通过合同和遗嘱方式设立。《民法典》物权编第367条及371条规定了设立居住权的，当事人应当采用书面形式订立居住权合同。以遗嘱方式设立居住权的，参照适用本章的有关规定。根据《民法典》第368条之规定，居住权的设立采用登记生效主义，即当事人无论是通过订立合同设还是通过遗嘱方式设立的居住权，应当向登记机构申请居住权登记，居住权自登记时设立。立法者之所以采用登记生效主义，主要是出于保护第三人的利益，如果采用登记对抗主义，则很有可能会出现房屋所有权人恶意串通，试图通过居住权恶意对抗抵押权人或法院执行，致使抵押物无法拍卖或法院无法执行等情况。

案例

案例 1[1]：

高见祖父（2013 年 6 月 13 日去世）与前妻（1992 年去世）生有一子一女。1993 年 12 月 30 日，高见祖父购得一房。高见祖父与张圣菊于 2006 年 11 月 2 日登记结婚。

2008 年 7 月 22 日，高见祖父立遗嘱一份，载明将争议房产遗赠给孙子高见，并于同日在公证处进行公证。因该房屋产权纠纷，2013 年 8 月 6 日，南通市崇川区人民法院判决案涉房屋产权归高见所有。后高见于 2013 年 9 月 6 日领取案涉房屋产权证。现张圣菊仍居住在案涉房屋内。此后，高见数次要求被告张圣菊腾房，张圣菊不予配合。高见诉至法院，请求判令张圣菊立即迁出房屋。张圣菊及高见祖父生前邻居、好友均表示，高见祖父生前曾提及其去世后房屋遗赠给高见，但张圣菊享有居住权。同时张圣菊无经济来源和其他住房。

江苏省南通市崇川区人民法院认为，高见从其祖父处继承案涉房屋，已实际领取产权证，高见为该房屋的产权人。张圣菊称高见祖父生前为其保留居住权，但并未提供证据予以证实。《物权法》第 35 条规定："妨害物权或可能妨害物权的，权利人可以请求排除妨害或者消除危险。"高见作为案涉房屋的所有人，应当对其房屋享有占有、使用、收益、处分的权利，张圣菊占用高见房屋的行为，已经妨害了高见物权行为的行使，因此，高见的请求合法有据，予以支持。法院遂作出一审判决，判令张圣菊于判决发生效力之日起 30 日内搬出南通市北园新村的房屋。

宣判后，张圣菊不服，向江苏省南通市中级人民法院提起上诉。

江苏省南通市中级人民法院二审认为，张圣菊与高见祖父于 2006 年 11 月 2 日登记结婚后共同生活居住在案涉房屋内，张圣菊悉心照顾高见祖父，履行了夫妻之间的相互扶助义务。在高见祖父去世后，张圣菊作为其配偶，居住于案涉房屋内的现状应当得到尊重。在夫妻一方死亡，另一方又无其他居住条件的情况下，因婚姻关系产生的居住权益并不因夫妻一方去世而消灭。根据法院向张圣菊及高见祖父生前的邻居和好友的调查情况，高见祖父生前曾在不同场合多次表示其虽将案涉房屋所有权赠予高见，但张圣菊对案涉房屋享有居住权。高见质疑证人身份但未能举证证明。高见取得案涉房屋所有权系继受取得，非原始取得，故对张圣菊享有居住权的现状应予尊重，其对物权的行使不得损害张圣菊的合法权益。在张圣菊无其他住房，又无固定生活来源且对案涉房屋享有合法居住权的情况下，高见要求张圣菊立即迁出该房屋的诉请，有违公序良俗，不予支持。同时，高见作为案涉房屋的合法所有权人，对该房屋享有占有、使用、收益、处分的权利，若张圣菊此后另有居所或者生活条件有较大改善，双方对于案涉房屋的居住权可另行协商，若协商不成，高见可另行主张。遂作出二审判决：①撤销南通市崇川区人民法院（2013）崇民初字第 1516 号民事判决；②驳回高见的诉

---

〔1〕 谷昔伟、曹璐："居住权可对抗房屋所有权人排除妨害请求权"，载《人民司法》2015 年第 18 期。

讼请求。

案例2[1]：

2008年，韩某父母将名下房屋公证赠与儿子韩某，赠与合同约定"赠与人继续享有在该房屋无偿居住的权利"。2011年，韩某因犯罪被判处死刑，同时被判决赔偿受害人父母何某、王某经济损失42万余元。何某、王某据此申请执行韩某名下房屋时，韩某父母以前述赠与合同约定提执行异议。

法院认为：①《合同法》第45条第1款规定："当事人对合同的效力可以约定附条件。附生效条件的合同，自条件成就时生效。附解除条件的合同，自条件成就时失效。"案涉赠与合同中仅约定了赠与人将赠与房屋转移给受赠人后，受赠人有义务保证赠与人的房屋居住需要，并未约定附生效条件。从合同约定内容看，应理解为赠与人在赠与合同中为受赠人设定了一定义务，受赠人在办理产权转移登记后，应履行约定义务。此合同属《合同法》第190条规定的附义务赠与合同，受赠人是否履行所附义务均不影响赠与合同成立和生效。②根据《物权法》第15条规定，设立、变更、转让和消灭不动产物权，以合同生效为基础。未办理物权登记，不影响合同效力。韩某取得所有权的根据系由赠与合同约定，而非过户行为本身。房屋转移登记只是产生物权公示的公信力效果，而非产生物权的原因。故虽然本案的赠与合同已生效，并办理过户手续，但韩某对该房屋所有权因赠与人享有居住权而受限制。法院以尚未达到可执行条件，中止执行并无不当，申请执行人可待具备执行条件时，恢复执行，并判决驳回何某、王某诉请。

应当注意，上述两个案例的居住权设立缺乏登记，均发生在《民法典》生效之前，《民法典》第368条明确规定："居住权无偿设立，但是当事人另有约定的除外。设立居住权的，应当向登记机构申请居住权登记。居住权自登记时设立。"

（二）流转

居住权具有人身性，不能转让和继承。居住权只能由居住权人享有，不能转让给其他人。《民法典》物权编第369条规定："居住权不得转让、继承。设立居住权的住宅不得出租，但是当事人另有约定的除外。"居住权不得转让和继承，这符合传统民法对于居住权作为人役权的属性认定。规定设立居住权的住宅不得出租，是因为居住权本身就包含了出租，但是当事人可以通过约定将该项排除。

---

〔1〕 参见山东高院（2013）鲁民一终字第66号"何某与张某等执行异议纠纷案"，见张豪："何某、王某诉张某申请执行人执行异议之诉纠纷案——房屋所有权转移登记的法律效果"，载《人民法院案例选》2013年第3辑（总第85辑），人民法院出版社2014年版。

三、居住权的内容

（一）居住权的主体问题

根据《民法典》物权编第366条的规定，居住权是居住权人为了满足生活居住的需要，对他人的住宅享有的占有、使用的用益物权。由此说明，我国居住权制度的基本价值在于满足特定人的生活居住需求，而只有自然人才有生活居住需求，故居住权的权利主体只能是自然人，而不能是法人或其他组织。应当注意，《民法典》第367条规定："设立居住权，当事人应当采用书面形式订立居住权合同。居住权合同一般包括下列条款：①当事人的姓名或者名称和住所；……"据此我们可以看出，设立居住权的主体即可以是自然人，也可以是法人及非法人组织。例如，目前存在的"公租房"、廉租房，其产权归属政府、企事业单位等法人或非法人组织。法人及非法人组织可以作为设立居住权人，与居住人签订居住权合同，赋予居住人以一定期限的居住权。即《民法典》第366条规定中的"居住权人"只能是自然人；"他人"包括自然人、法人和其他组织。

（二）居住权的客体问题

居住权的客体是他人的住宅，故对他人的非住宅建筑物（如商厦、铺面等）不得设立居住权。

关于居住权的客体，有一个非常值得探讨的问题，即在一套完整的住宅上设立居住权固无疑义，但能否在一套住宅的某个房间上设立居住权呢？严格地就物权客体特定、一物一权等原则而言，一套住宅的整体才能是物权的客体，在其一部分之上是不能成立某项物权的。但是考虑到：一方面，很多居住权人特别是以房养老模式下的老年人对于房屋的利用率和利用层级不高，仅需要住宅的一部分即可满足其最基础的养老生活需要。另一方面，在房屋部分上设定了居住权的住宅，其价格一定比没有任何居住权负担的房屋价格便宜，减轻了购房者的经济承受压力，故在住宅的部分上设定居住权，反而可能是最有利于居住权制度发挥作用、彰显生命力的做法。因此，在此问题上不宜胶柱鼓瑟，画地自限，而应以开放态度允许在一套住宅的部分上设立居住权。"这一权利的客体，实际上是对已经区分的建筑物再作了一次区分，在权利客体是物权客体特定主义原则的又一个例外"。当然，在一套住宅的部分上设立居住权的，要考虑并保护居住权人对厨房、卫生间等公共部分的使用权益。[1]

（三）关于居住权的内容界定问题

居住权的基本内容是生活居住，并可就此排除房屋所有权人和其他任何第三人对其居住、使用房屋的干涉。但什么是生活居住呢，其边界在哪里呢？例如，居住权人

---

[1] 邱鹏："'你应知道的民法典'之二：恰逢其时居住权"，载《法林鹏踪》公众号，2020年7月15日。

能让别人同住吗？居住权人能以满足居住需求为名对房屋进行改造吗？居住人能对房屋进行出租吗？居住权能转让和继承吗？这些问题看似是鸡毛蒜皮的小事，实则关系所有权人和居住权人两方权益。对此，可以明确一些基本原则：居住权人可以与其家属共同居住房屋，还可以让其雇佣的保姆等服务护理人员共同居住；居住权人不得改变房屋的结构和用途，其超越权利边界，以主人翁姿态对住宅进行大拆大建的行为是不被允许的，但在不改变房屋结构和用途的前提下，为满足居住需求作相应的装修和改良则是可以的；居住权人一般不得将居住的房屋进行出租，但是其与所有权人另有约定的除外；居住权不得转让和继承。

（四）关于房屋修缮管理义务及物业费由谁承担的问题

有过租房经历的人都知道，房屋漏水、房面掉漆等影响居住的问题，均可以要求房东予以解决，物业费也由房东缴纳。这是因为在租赁法律关系中，出租人依法负有维修租赁物的义务，而租户应支付的物业费通常已经被纳入房租之中了。但在居住权法律关系中，承担房屋修缮管理义务和物业费的，是所有权人还是居住权人呢？对此，民法典没有作明确规定。从居住权的物权属性及国外立法例来看，应该由居住权人来承担房屋修缮管理义务和物业费。例如，根据《法国民法典》的有关规定，居住权人须负担正常维修费和房屋税费，而正常维修费系指保存、管理和正常修缮的费用。但是要明确的是，居住权人的修缮管理义务限于日常的修缮，对房屋的大型修缮仍由所有权人负担。这和居住权人不得改变房屋结构和用途的义务也是相一致的。但为公平起见，如果房屋须大修系由居住权人缺乏维修保养所引起的，则大修费用仍应由居住权人承担。[1]

四、居住权的消灭

《民法典》物权编第 370 条规定："居住权期限届满或者居住权人死亡的，居住权消灭。居住权消灭的，应当及时办理注销登记。"居住权的消灭分为两种情形，一是如果双方当事人在设立居住权时，约定了居住权期限，居住期限届满后该居住权消灭；二是如在约定居住期限届满前或未约定居住期限时，居住权人死亡的，则自居住权人死亡时，该居住权消灭。无论是合同设立亦或是遗嘱设立的居住权，如其存在消灭情形，当事人应及时办理注销登记手续。未办理注销登记的，不影响居住权消灭。

---

〔1〕 邱鹏："'你应知道的民法典'之二：恰逢其时居住权"，载《法林鹏踪》公众号，2020 年 7 月 15 日。

项目六　地役权

一、地役权的概述

1. 地役权的概念。《民法典》物权编第 372 条规定："地役权人有权按照合同约定，利用他人的不动产，以提高自己的不动产的效益。前款所称他人的不动产为供役地，自己的不动产为需役地。"可见，所谓地役权，是指不动产所有人或使用人为了提高自己不动产权利的效益，而利用他人不动产的权利。此概念包括以下几方面内容：

（1）地役权的客体为他人之不动产。作为地役权客体的不动产应当以土地和建筑物为限。地役权的发生在于因不动产的利用而发生的利益关系问题，诸如土地利用、用水排水、通风采光、眺望等问题。此外，当地役权的客体为土地时，其范围不限于地表，也可以是地下空间或地上空间。

（2）利用他人的不动产，包括他人所有的不动产，也包括他人拥有用益物权的不动产。在我国，由于土地的所有权属于国家或集体所有，所以我国的地役权主要是建立在他人拥有用益物权的土地之上的。

（3）地役权不以占有他人土地为内容或目的，而只是要求对方应尽某种容忍或不作为义务。设立地役权的目的是通过利用供役地，以增加需役地的效益。这里的"利用"并不以实际占有供役地为要件，其不是为了在供役地上取得收益，而是在供役地上设置一定的负担，对供役地人使用权设立限制。例如，相邻通行权只是赋予其通行的权利，而不包括在土地上建筑或种植树木的权利；相邻管线通过权仅限于管线地通过并进行必要施工的权利，而对通过的土地或建筑物没有任何权利。

（4）地役权的内容较广泛。凡是能提高需役地效益的，只要不违反法律强制性的规定和公序良俗的原则，均可由需役地人和供役地人根据具体情况进行约定。一般认为需役地的"效益"不仅包括生活上的便利、经营上的利益，如在供役地上通行、取水、排水、铺设管线等，也包括为需役地的视野宽广而设定的眺望地役权等其他精神利益。

2. 地役权的特征。

（1）地役权具有从属性。地役权的成立必须是需役地与供役地同时存在，因此在法律属性上地役权与其他物权不同。地役权的从属性主要体现在两个方面：①地役权必须与需役地所有权或使用权一同转移，不能与需役地分离而让与，即需役地所有人或使用人不得自己保留需役地的所有权或使用权而仅将地役权让与他人，不得自己保留地役权而将需役地的所有权或使用权让与他人，也不得将需役地的所有权或使用权与地役权分别让与两个人。②地役权不得与需役地分离而为其他权利的标的。如果在需役地上设定其他权利，则地役权亦包括在内。这在我国《民法典》物权编上有具体规定，即第381条的"地役权不得单独抵押。土地经营权、建设用地使用权等抵押的，在实现抵押权时，地役权一并转让。"③地役权的期限不得超过土地承包经营权、建设用地使用权等用益物权的剩余期限。这也体现出地役权的从属性。

（2）地役权的不可分性，是指地役权的取得、丧失，不得分割为数部分或仅有一部分而存在。地役权的不可分性，包括发生上的不可分性、消灭上的不可分性以及享有或负担上的不可分性。需役地如经分割，其地役权在分割后的地块上的利益仍然存续。例如，甲地在乙地有通行地役权，后来甲地被分割为丙、丁两地，则丙、丁两地的所有人或使用人仍得各自从乙地通行。供役地如经分割，则地役权原则上仍继续存在于分割后的各部分之上。

3. 地役权与相邻权之间的关系。相邻关系是指不动产的相邻各方因行使所有权或使用权而发生的权利义务关系，它不是一种单独的物权，而是相邻方所有权的延伸和扩展，是所有权权能的体现。地役权和相邻权主要有以下几个区别：

（1）两者的设立方式不同。相邻关系的种类和范围，都必须由法律予以明文规定，当事人不得随意创制。较之于相邻关系，地役权制度具有较大的任意性。

（2）两者受到损害后的救济请求权不同。相邻关系受到侵害后，不能直接以相邻关系为基础提起损害赔偿诉讼，而应该提起所有权行使受到妨害之诉。地役权受到损害之后，受害人可以直接提起地役权受损害的请求之诉。

（3）两者提供便利的内容也有所不同。地役权的设立是为了使所有权人的权利得到更好地行使，是一个比较高的标准。而相邻关系的规定是为了调和不同所有权人之间的权利，对他们的各自权利设置一定的限制，使得大家共同方便使用，这是为了达到使用的最低标准。

（4）相邻关系通常都发生在相互毗邻的不动产之上，而地役权则不要求土地相互毗邻，甚至在相隔很远的土地之间都可以通过协议来得到更有效的利用和经营。

（5）二者在有无对价上不同。当事人在相邻关系中只要不给相邻人造成损失，通常是无偿的。地役权的设立目的是在他人不动产上设置负担，以提高自己的不动产利用价值。其设立既可以是有偿的，也可以是无偿的，取决于双方的合意。

（二）地役权的取得

1. 基于法律行为而取得。经由法律行为取得地役权，包括两种情形，一是以合同行为设定地役权；二是以单独行为设定地役权，如遗嘱行为。

（1）因设立地役权的合同而取得地役权。地役权作为意定物权必须由当事人以法律行为的方式来加以设立，而地役权的设立涉及双方当事人的利益，所以应当以书面合同的方式来进行设定。设定地役权合同的主要条款包括：①当事人的姓名或者名称和住所；②供役地和需役地的位置；③利用目的和方法；④地役权期限，地役权的期限由当事人约定，但不得超过土地承包经营权、建设用地使用权等用益物权的剩余期限；⑤费用及其支付方式；⑥解决争议的方法。地役权自合同生效时设立，但是未经登记的不得对抗善意第三人。

（2）通过遗嘱设立地役权。供役地的所有人或使用人可以依据遗嘱为需役地的所有人或使用人设定地役权；需役地所有人或使用人在该遗嘱生效时，有权请求遗嘱执行人协助办理登记，从而设定地役权。

（3）通过转让取得地役权。由于地役权的从属性，地役权不得单独转让，但是转让需役地权利的，地役权一并转让，受让人因此取得地役权。

2. 基于法律行为以外的原因而取得。

（1）取得时效。地役权为财产权，理论上可依时效取得，并为各国民法普遍承认。但应当注意的是，我国《民法典》物权编未规定取得时效制度。

（2）继承。地役权得因继承而取得。一般认为，继承开始时，继承人便取得被继承人的地役权。但应注意由于地役权具有从属性，所以在继承时，只能随同需役地权利一并由继承人继承。

（三）地役权的内容

1. 地役权人的权利。

（1）对供役地的使用权。地役权人有权依据地役权设立的目的与范围来使用供役地。对供役地的利用方式基于地役权的类型而有所不同，有的为取水、有的为通行、有的为铺设电缆、有的为禁止供役地所有人建筑高层建筑物等。地役权具有兼容性，同一标的物上可以容纳多项地役权，这与其他用益物权在一个物上只能留有一个显然不同。但是，如果在同一供役地上所设定的多项地役权的内容有冲突，则应当根据先来后到的原则，按照设定顺序来依次行使。

（2）有权为必要的附属行为。地役权人为了行使其地役权所必须实施的行为，即使没有在地役权合同中规定该行为，地役权人仍然可以实施。例如，对于为了行使在供役地上取水的地役权，地役权人可以在供役地上设置水井等取水装置。

（3）有权行使基于地役权的物权请求权。即地役权人可以行使停止侵害、排除妨碍等物上请求权。

2. 地役权人的义务。

（1）支付地役权费用的义务。地役权的设定，既可无偿，亦可有偿。在无偿设定地役权的情况下，地役权人自然可以基于双方约定，为其需役地便利而利用供役地，无对价支付义务。然而，在有偿设定的情况下，支付对价是地役权存在的基础，也是供役地人承担容忍及不作为义务的交换条件。地役权人应按双方约定支付相应的对价，以补偿供役地人因此所受的限制，维持双方利益的平衡。

（2）补偿义务。地役权人对供役地的使用应当选择损害最小的地点及方法为之。地役权人因其行使地役权的行为对供役地造成变动、损害的，应当在事后恢复原状并补偿损害。

（3）维护设置的义务。地役权人对于为行使地役权而在供役地修建的设施，如电线、管道、道路，应当注意维修，以免供役地人因其设施损坏而受到损害。

3. 供役地人的权利。

（1）设置使用权。供役地所有人有权为了自己的利益使用地役权人所设之装置，其前提是不妨碍地役权人的使用并支付适当的使用费。

（2）供役地使用场所与方法的变更请求权。地役权之行使限于供役地之一部分的，所有人认为该部分之使用对其有特殊不便时，得请求将地役权之行使迁移于其他适于地役权人利益之处所，迁移之费用应由所有人负担，并须预付。

（3）对价请求权。地役权的设定，如为有偿而有支付对价的约定时，供役地所有人有请求地役权人支付对价。应当注意的是，地役权可以有偿设定，也可以无偿设定。

4. 供役地人的义务。供役地所有人的义务只有一项，就是容忍地役权人对土地的利用。此种容忍义务，在积极地役权中，表现为供役地人有容忍地役权人在其土地上从事一定行为的义务。例如，在引水地役权中负有容许地役权人在自己土地上设置水渠或水管的义务。在消极地役权中，供役地人的容忍义务则体现在不于其土地上进行一定利用行为的义务。例如，眺望地役权中负有不得在供役地上建造超过一定高度的房屋的义务。

（四）地役权的消灭

地役权是一种不动产物权，因此不动产物权的一般消灭原因，当然适用于地役权。以下是地役权消灭的几项特殊原因：

1. 供役地权利人在符合法定条件时解除地役权合同。地役权人有下列情形之一的，供役地权利人有权解除地役权合同，该地役权因此消灭：①违反法律规定或者合同约定，滥用地役权。地役权人滥用地役权的有多种情形：地役权人不按土地用途使用土地，并且导致了土地的永久损害的；地役权人超越地役权合同约定的范围使用供役地，妨害供役地权利人的正常生产和生活，虽经供役地权利人多次交涉但仍不改正的；地役权人利用供役地从事违法犯罪活动等。②在有偿地役权合同的履行中，需役地一方当事人按照地役权合同约定的数额和时间向供役地一方支付费用是其应当履行的合同义务。若经过权利人在合理期间两次催告仍不履行支付费用的义务，则供役地一方当事人可以解除地役权关系。

2. 存续期间的届满或其他预定事由的发生。如果地役权设有期限的，那么期限届满的地役权归于消灭。设定地役权的合同若附有解除条件的，条件成就时，地役权也归于消灭。

3. 供役地被征收。供役地被征收的，供役地人对土地的所有权消灭，在土地之上的地役权自然也归于消灭。

地役权消灭以后，如果地役权的设立已经办理了登记，当事人应当及时办理注销登记，地役权人负有协助办理注销登记的义务。地役权人占有供役地的，应恢复原状，返还土地。对于供役地上设置的工作物（如引水管线），应类推适用关于建设用地使用权的规定，即其权利消灭时，地役权人可以收回，但应恢复土地原状。供役地所有人以时价购买其设置的工作物时，地役权人不得拒绝。

引例分析

引例1：

（1）根据《民法典》的规定，无论家庭承包还是以其他方式承包的土地承包经营权，均是可以依法流转的，但通过抵押的方式进行流转却不是都能够予以适用的。《民法典》和《农村土地承包法》都禁止家庭取得的耕地、林地、草地等承包经营权的抵押。但是，在本案中，张某取得的是荒滩的土地承包经营权，根据《民法典》第342条规定："通过招标、拍卖、公开协商等方式承包农村土地，经依法登记取得权属证书的，可以依法采取出租、入股、抵押或者其他方式流转土地经营权。"该条规定不仅仅适用于荒地，也适用于荒滩、荒沟、荒山的土地承包经营权。因此，张某将该荒滩的土地承包经营权进行抵押是可以进行的，是合法有效的。

（2）《民法典》第342条规定："通过招标、拍卖、公开协商等方式承包农村土地，经依法登记取得权属证书的，可以依法采取出租、入股、抵押或者其他方式流转土地经营权。"虽然在该条中没有明确指出以"其他方式"流转是否包括继承的方式，但《农村土地承包法》第50条规定了"土地承包经营权通过招标、拍卖、公开协商等方式取得的，该承包人死亡，其应得的承包收益，依照继承法的规定继承；在承包期内，其继承人可以继续承包。"对于下位法已经明确规定的内容，作为上位法的《民法典》没有反对。因此，根据《民法典》和《农村土地承包法》的规定，张某通过公开协商的方式取得土地承包经营权，其继承人是可以继续承包的，村委会要求收回张某的土地承包经营权的理由不成立。

引例2：

（1）《民法典》第374条明确规定："地役权自地役权合同生效时设立。当事人要求登记的，可以向登记机构申请地役权登记；未经登记，不得对抗善意第三人。"因此，地役权自合同生效时设立，是否登记不影响地役权的设立，未登记只是不能对抗善意第三人而已。本案中，甲公司与制衣厂之间的约定符合《民法典》第372条的规定，即"地役权人有权按照合同约定，利用他人的不动产，以提高自己的不动产的效益。前款所称他人的不动产为供役地，自己的不动产为需役地"；以及第375条的规定，即"供役地权利人应当按照合同约定，允许地役权人利用其不动产，不得妨害地役权人行使权利。"所以甲与制衣厂之间设立了地役权，制衣厂违反了合同的约定，理应承担违约责任。

（2）甲与制衣厂之间的地役权合同没有到登记机构进行登记，不能对抗善意的第三人乙公司。作为受让供役地人的乙公司没有义务遵守地役权合同的约定，乙公司可以在不妨碍相邻权人的相邻权的情况下任意使用该土地，包括修建高层电梯公寓。所以，本案甲公司要无权求乙公司停止施工。

 相关法律

《民法典》物权编第 323~385 条

《农村土地承包法》（2018 年修正）

《土地管理法》（2019 年修正）

《城市房地产管理法》（2019 年修正）第 7~23 条

《土地管理法实施条例》（2014 年修订）

《最高人民法院关于审理涉及农村土地承包纠纷案件适用法律问题的解释》（2020 年修正）

思考与练习

案例分析：

1. 甲以现金出资，乙以建设用地使用权出资，二者共同开办了一酒店。酒店建成后，乙并未将建设用地使用权办理登记过户手续将其权利转移给酒店，反而擅自将建设用地使用权转移给丙，并办理了过户登记手续。丙受让该建设用地使用权后，就在酒店周围建造了一些设施，妨碍了酒店的正常经营活动。同时，酒店因急需资金要向银行借款，而丙不同意以其土地使用权抵押，致使酒店不能借款。根据上述案情，回答如下问题：

（1）甲和乙合资开办酒店的行为的法律性质是什么？

（2）乙与丙签订的转让建设用地使用权的合同有效吗？丙能够取得建设用地使用权吗？

（3）酒店应如何维护自己的权益？

2. 原告某甲、被告某乙、第三人某丙均系河南省睢县白楼乡农民。2014 年，某甲、某乙、某丙达成口头换地协议：某甲将自己的一块耕地换给某丙耕种，某丙将自己的一块耕地换给某乙耕种，某乙将自己的一块耕地换给某甲耕种。事后三人按口头协议内容订立了书面协议，因某乙外出打工，其未在该书面协议上签字。在村干部和某乙之妻在场的情况下，三家对土地进行了丈量交换。某乙打工回来后亦未对该换地行为表示反悔。三家按照协议在所换土地上耕种了 6 年。在 2020 年种麦时，某乙在换给某甲的土地上强行耕种。某甲遂向睢县人民法院提起诉讼，请求某乙停止对换给自己的耕地的侵害行为。

问：原、被告的换地行为是否有效？

单元四 **担保物权**

知识目标

了解担保物权在整个物权体系中的地位和作用，以及担保物权对于经济生活的意义；理解担保物权的概念、特征、类型、适用范围与担保范围；掌握各种担保物权的设立方式、权利的内容亦即当事人的权利和义务、权利的实现方式和权利的消灭。

技能目标

能够准确判断当事人之间是否产生了担保物权法律关系，产生了何种担保物权；能够运用担保物权的基本原理和法律规定来正确处理当事人之间的担保物权纠纷。

素质目标

通过对担保物权内容的学习，深刻理解担保物权制度对社会主义市场经济顺利运行的保驾护航作用，并能运用所学知识处理一般的担保物权纠纷。

引例

1. 甲有限公司为某一项目的开发，拟斥资 5000 万元购买专利、采购设备、兴建厂房等，为此需要向银行贷款 1000 万元。甲公司遂与乙银行达成协议，由该银行提供贷款，借款期限为 1 年，甲公司以一栋办公楼（价值 900 万元）和两辆加长奔驰轿车（价值 200 万元）设定抵押，均办理了抵押登记。1 年后，由于市场竞争激烈，甲公司开发的产品因市场需求冷淡而损失惨重，无力偿还乙银行的贷款。乙银行拟行使抵押权，经查，该办公楼有一层已经于半年前出租给丙公司，租期 2 年；轿车之一已经准备出卖给丁，双方签订了买卖合同，尚未办理过户登记手续，但该车已经交付丁使用；轿车之二因某次董事长驾车外出，被违章驾驶的戊的卡车撞击损毁，正在索赔中，估计可获得保险金 60 万元。

问题：

（1）甲公司与乙银行间的抵押是否有效？为什么？

（2）本案应如何处理？为什么？

2. 陈某某、王某某夫妇与李某某签订《抵押协议》。协议载明：陈某某多次借李某某人民币累计 410 万元，陈某某、王某某两人自愿将夫妻名下所有的财产作为抵押，其中包括登记人为陈某某的凯迪拉克牌轿车一辆，并约定如陈某某到期不能还款，该轿车归李某某所有。协议签订后。李某某依约取得了凯迪拉克牌轿年的车辆登记证、行驶证、车辆购置税完税证明等车辆权利证明。后来，陈某某、王某某夫妇又与贾某某签订《车辆质押借款合同》，合同约定：陈某某、王某某向贾某某借款18万元，并以凯迪拉克牌轿车作为借款的质押。陈某某于协议签订当日将凯迪拉克轿车、车钥匙及伪造的行驶证交付给了贾某某。

因陈某某、王某某未偿还李某某的到期借款，李某某向法院提起诉讼，并申请财产保全，法院裁定查封了陈某某的凯迪拉克牌轿车。后陈某某、王某某与李某某达成和解协议，陈某某将凯迪拉克牌轿车折价抵偿给李某某。法院据此裁定作出了执行裁定，扣押了凯迪拉克牌轿车，准备过户给李某某。贾某某向法院提出书面执行异议，请求法院撤销对凯迪拉克牌轿车的查封和扣押，法院裁定驳回贾某某的执行异议。贾某某不服该裁定向法院提起诉讼，请求撤销对凯迪拉克牌轿车查封和扣押的执行裁定。

问题：

（1）本案中，李某某的抵押权和贾某某的质权是否成立？

（2）本案应如何处理？为什么？

基本理论

项目一　担保物权概述

一、担保物权的概念

《民法典》第386条规定："担保物权人在债务人不履行到期债务或者发生当事人约定的实现担保物权的情形，依法享有就担保财产优先受偿的权利，但是法律另有规定的除外。"据此，担保物权就是指为了担保债权人债权的实现，而以债务人或第三人的特定物提供担保，当债务人不履行债务时，债权人有权就该担保物通过法定途径拍卖、变卖或折价所获得的价款优先受偿的权利。其含义可以从以下几个方面来理解：

1. 担保物权以担保主债权的实现为目的。担保物权的设立，是为了保证主债债务的履行，使得债权人对担保财产享有优先受偿权，所以它是对主债权效力的加强和补充。在整个物权体系中，担保物权与用益物权相对应，二者同属于他物权。二者间不同的是：其一，用益物权所要解决的是所有权与使用权相分离的问题，担保物权所要解决的是所有权和处分权相分离的问题。其二，用益物权设定于他人之物的使用价值之上，而担保物权设定于他人之物的交换价值之上。其三，用益物权人通过用益物权对他人之物加以利用，以满足自己的各种利益；担保物权人通过担保物权对他人之物加以处分，以确保自己的债权得以实现。

2. 担保物权是在债务人或第三人的特定财产上设定的权利。担保物权必须存在于债务人或第三人的物或权利上。由于物权是权利人依法对特定的物享有直接支配和排他的权利，所以担保物权的客体即担保财产必须是既存的、特定的。有些担保物权在设定时，其客体虽不特定，但是在实现该担保物权时其客体必须能够特定化。例如，动产浮动抵押权在设定时，其客体并不特定，包括抵押人现有的和将有的动产，但是实现抵押权时该抵押财产必须特定。

3. 担保物权以支配担保物的价值为内容。担保物权属于物权的一种，二者间不同的是：一般物权以对标的物实体的占有、使用、收益、处分为目的；而担保物权则以标的物的价值确保债权的清偿为目的，即以就标的物取得一定的价值为内容。

二、担保物权的特征

根据《民法典》物权编的规定以及传统的物权理论，担保物权的特征可以概括为如下几点：

1. 担保物权的从属性。担保物权的一个重要特点就是其附随于主债权债务关系，没有主债权债务关系的存在，担保关系也就没有了存在以及实现的可能和价值。这种附随性体现在以下几方面内容：

（1）设立上的从属性。能够体现主债权债务关系的主要是主债权债务合同，而用以体现担保关系的主要是担保合同。担保合同关系必须以主债权债务合同关系的存在为前提。从这个意义上讲，担保合同是主债权债务合同的从合同。

（2）转让上的从属性。《民法典》第407条规定："抵押权不得与债权分离而单独转让或者作为其他债权的担保。债权转让的，担保该债权的抵押权一并转让，但是法律另有规定或者当事人另有约定的除外。"

（3）效力上的从属性。《民法典》第388条第1款规定："设立担保物权，应当依照本法和其他法律的规定订立担保合同。担保合同包括抵押合同、质押合同和其他具有担保功能的合同。担保合同是主债权债务合同的从合同。主债权债务合同无效，担保合同无效，但法律另有规定的除外。"但应当注意的是，对于担保合同随主债权债务合同的无效而无效的规则，这只是一般规则并不是绝对的，在法律另有规定的情况下，担保合同可以作为独立合同存在，不受主债权债务合同效力的影响。例如，在最高额抵押权中，最高额抵押合同就具有相对的独立性。在连续的交易关系中，其中的一笔债权债务无效，并不影响整个最高额抵押合同的效力。

（4）消灭上的从属性。《民法典》第393条规定，主债权消灭的，担保物权随之消灭。

2. 不可分性。债权人得就担保物的全部行使其权利。这体现在：债权一部分消灭的，如清偿、让与，债权人仍就未清偿债权部分对担保物的全部行使权利；担保物一部分灭失的，其残存部分仍担保债权的全部；对于分期履行的债权，已届履行期的部分未履行时，债权人就全部担保物享有优先受偿权。在担保物权设定后，担保物价格上涨，债务人无权要求减少担保物；反之，担保物的价值因不可归责于抵押人、质押人的原因减少的，担保人无义务提供补充担保。

3. 优先性。优先受偿性是担保物权的最主要效力。优先受偿是指在债务人到期不清偿债务或者出现当事人约定的实现担保物权的情形时，债权人可以对担保财产进行折价或者拍卖、变卖担保财产，以所得的价款优先实现自己的债权。担保物权的优先受偿性主要体现在两方面：一是优先于其他不享有担保物权的普通债权；二是优先于其他物权，如后顺位的担保物权。但需要注意的是，担保物权的优先受偿性并不是绝对的，如我国《海商法》规定，船舶优先权人优先于担保物权人受偿。

4. 物上代位性。债权人设立担保物权并不以使用担保财产为目的，而是以取得该财产的交换价值为目的，因此，即使担保财产本身已经毁损、灭失，只要该担保财产交换价值的替代物存在，该担保物权的效力就转移到了该替代物上，这就是担保物权的物上代位性。对此，《民法典》第 390 条明确规定："担保期间，担保财产毁损、灭失或者被征收等，担保物权人可以就获得的保险金、赔偿金或者补偿金等优先受偿。被担保债权的履行期未届满的，也可以提存该保险金、赔偿金或者补偿金等。"

案例

甲向乙借了 20 万元，并以自己的一间价值 8 万元的房屋和一辆价值 15 万元的汽车作为抵押，并办理了抵押登记。不料，在办完抵押登记驾车回家的路上，甲被一辆违规行驶的汽车撞伤，汽车也被撞坏，经估价，该车还值 3 万元。根据保险合同，保险公司赔偿甲 10 万元。那么，根据民法原理和相关法律分析：甲、乙之间的汽车抵押的效力如何？对保险赔偿金 10 万元应当如何处理？

三、担保物权的类型

1. 法定担保物权与约定担保物权。依据担保物权的发生原因不同，可以将担保物权分为法定担保物权与约定担保物权。这是担保物权最常见的分类，前者是依法发生的担保物权，如留置权；而后者是通过当事人的意思表示而设立的担保物权，如抵押权、质权等。

法律规定某种担保物权是法定物权，一般是基于一些现实需要及社会政策的价值考虑。例如，法律之所以规定在保管合同、加工承揽合同中债权人享有留置权，是因为：一是债权的标的物已经为债权人所占有，在这种现实的基础上，即使法律不规定债权人享有留置权，实践中也有出现债权人通过留置债务人的物品而迫使债务人屈服的情况的可能，所以法律因势利导，将其规定为担保物权。二是在保管合同、加工承揽合同中，债权人通常以自己的行为而使标的物保值增值，法律为了维护公平并鼓励财富的创造，也应当对此种债权给予更多的保护，规定留置权为法定担保物权。[1]

---

〔1〕 杨立新：《物权法》，中国人民大学出版社 2020 年版，第 199 页。

约定担保物权是基于当事人的物权意思表示而设定的，而当事人的考虑因素又多种多样，因而约定的担保物权更具灵活性，能够适应社会的需要，既具有较强的融资功能，也具有较强的担保功能。

2. 占有担保物权与非占有担保物权。依据是否转移担保标的物的占有为标准，可以将担保物权分为占有担保物权和非占有担保物权。质权、留置权属于占有担保物权，抵押权属于非占有担保物权。由于非占有担保物权的担保物仍然在担保人手中，所以担保人可以充分地发挥其使用价值和交换价值。但对于担保物权人来说，由于其无法控制担保物，需要注意相应的风险防范。

3. 典型担保与非典型担保。这是根据是否属于我国《民法典》中明确规定的担保类型为标准而作出的分类。在我国，《民法典》规定的典型担保有抵押权、质权和留置权。非典型担保是因社会经济生活的发展而产生的一些新型的担保物权，但现行法律对它们没有作出具体规定，它们在实践中已经实际存在并持续发挥作用，如所有权保留、让与担保等。

四、担保物权的适用范围与担保范围

1. 适用范围。《民法典》第 387 条第 1 款规定："债权人在借贷、买卖等民事活动中，为保障实现其债权，需要担保的，可以依照本法和其他法律的规定设立担保物权。"可见担保物权的适用范围，限定在借贷、买卖等民事活动中发生的债权债务关系。但应当注意，可以设定担保物权的民事活动很广泛，并不仅限于这两种民事活动。在其他民事活动中，如在货物运输、加工承揽、无因管理、补偿贸易等活动中都可以设定担保物权，而且因侵权行为产生的损害赔偿之债也可以设定担保物权。

需要注意的是，依据法律规定，在第三人提供担保的情况下，未经其书面同意，债权人允许债务人转移全部或者部分债务的，担保人不再承担相应的担保责任。

2. 担保范围。《民法典》第 389 条规定："担保物权的担保范围包括主债权及其利息、违约金、损害赔偿金、保管担保财产和实现担保物权的费用。当事人另有约定的，按照其约定。"这里的主债权是指使担保物权得以成立的原本债权，主债权的利息既包括当事人的约定利息也包括法定利息。如果当事人对违约金有所约定的，违约金也应属于担保物权的担保范围。损害赔偿金主要是用以救济合同债务人因不履行或不完全履行而导致债权人在经济利益上的损害。

项目二　抵押权

一、抵押权的概念与特征

抵押权是自罗马法以来近现代各国民法上最重要的担保物权制度，素有"担保之王"之称。由于各国立法对抵押的理解不尽相同，所以对于抵押权概念的界定也存在很大差别。我国《民法典》第394条第1款规定："为担保债务的履行，债务人或者第三人不转移财产的占有，将该财产抵押给债权人的，债务人不履行到期债务或者发生当事人约定的实现抵押权的情形，债权人有权就该财产优先受偿。"根据该条文的定义，抵押权包括以下几个特征：

1. 抵押权是担保物权。抵押权是抵押权人对抵押物直接享有的权利，可以对抗物的所有人和第三人，其实质内容在于取得抵押物的交换价值。抵押权对物的支配，实际上是对物的交换价值的支配。这种支配表现在债务人不履行债务时，抵押权人可依自己的意思，无须债务人意思或行为的介入，即可就抵押物变价后的价值优先受偿。即使抵押人转让抵押物的所有权，抵押权也不因此而受影响。由于抵押权人对标的物享有变价权和优先受偿权，其因此具有典型的担保物权的基本构造。

2. 抵押权是存在于债务人或第三人特定财产上的物权。可设定抵押的财产包括不动产、动产以及不动产用益物权，其范围极为广泛。

3. 抵押权是不移转标的物占有的物权。抵押权的核心内容在于取得抵押物的交换价值，以该交换价值担保债的履行，而不在于取得或者限制物的使用价值。因此，抵押权的设定与存续，无需移转标的物的占有。抵押人在设定抵押权后，仍然可以使用、收益抵押物，并可依法处分抵押物。这是抵押权与其他担保物权如质权、留置权的本质区别。

案例

大地房地产开发公司在某市郊区购买到一块土地的使用权，用于商品房的开发。大地公司为了融资需要以该土地使用权为抵押，向该市甲建设银行贷款800万，该块土地使用权经评估为1000万，双方在登记机关办理了登记。在登记时，注明抵押期限为1年。后大地公司在该土地上建造了一栋商品楼，大地公司又以该楼向该市乙工商银行借款2000万，期限为1年，该楼经评估为2500万，双方办理了房屋他项权利登记手续。因为大地公司拖欠他人的债务，被数个债权人起诉，要求执行该商品楼。甲建设银行申请法院实现其抵押权，乙工商银行也要求优先受偿，该楼被法院委托的拍卖公司进行了拍卖。问：如何分配该楼的价款？

4. 抵押权是就抵押物优先变价受偿的物权。抵押权的优先受偿性表现在以下三个方面：①与债务人的其他普通债权人相比，抵押权人就抵押物卖得的价金有优先受偿的权利；②在同一标的物上存在数个抵押权时，顺序在先的抵押权人有优先于后次序抵押权人就抵押物所卖得的价金受清偿的权利；③在债务人被宣告破产时，成立在前的抵押权人有别除权，仍可以从抵押物所卖得的价金中优先受偿。

二、抵押权的取得

(一) 取得的方式

1. 基于法律行为取得。基于法律行为而取得的抵押权，学说上称为约定抵押权或意定抵押权，包括抵押权的设立与抵押权的转让两种情形。《民法典》第 400 条规定，设立抵押权，当事人应当采用书面形式订立抵押合同。抵押合同一般包括下列条款：①被担保债权的种类和数额；②债务人履行债务的期限；③抵押财产的名称、数量等情况；④担保的范围。关于抵押权的转让，根据《民法典》第 407 条规定，抵押权不得与债权分离而单独转让或者作为其他债权的担保。债权转让的，担保该债权的抵押权一并转让，但是法律另有规定或者当事人另有约定的除外。

2. 非基于法律行为取得。具体包括以下三类：

(1) 根据法律规定而取得抵押权。依照法律规定取得的抵押权，称为法定抵押权，不须登记即生抵押权取得之效力。但法定抵押权仅限于个别情形，非有法律的明文规定，不得发生，依法律规定而发生的物权，不经占有或登记即直接发生效力。例如，《民法典》第 397 条规定，以建筑物抵押的，该建筑物占用范围内的建设用地使用权一并抵押。以建设用地使用权抵押的，该土地上的建筑物一并抵押。

(2) 继承。抵押权为非专属性财产权，自然可以成为继承的标的，在被继承人死亡时，被继承人的抵押权也应连同债权一并由继承人继承，且不经变更登记即可取得。但继承人转让抵押权的，须为登记方可生效。

(3) 善意取得制度。《民法典》第 311 条第 3 款规定，当事人善意取得其他物权的，参照前两款规定。因此抵押权也可适用善意取得制度。

(二) 抵押财产

根据《民法典》第 394 条第 2 款的规定，抵押人提供担保的财产为抵押财产。抵押财产可以是不动产、动产或者财产性权利。《民法典》第 395 条和第 399 条详细规定了允许抵押的财产范围和禁止抵押的财产范围。

1. 允许抵押的财产。债务人或者第三人有权处分的下列财产可以用于抵押：①建筑物和其他土地附着物；②建设用地使用权；③海域使用权；④生产设备、原材料、半成品、产品；⑤正在建造的建筑物、船舶、航空器；⑥交通运输工具；⑦法律、行政法规未禁止抵押的其他财产。抵押人可以将上述所列财产一并抵押。

需要注意的是，在抵押中要贯彻"房地一并处分原则"。根据《民法典》第 397 条、398 条之规定，以建筑物抵押的，该建筑物占用范围内的建设用地使用权一并抵押。以建设用地使用权抵押的，该土地上的建筑物一并抵押。乡镇、村企业的建设用地使用权不得单独抵押。以乡镇、村企业的厂房等建筑物抵押的，其占用范围内的建设用地使用权须一并抵押。

2. 禁止抵押的财产。基于公共利益、社会政策等各种考虑，法律同时规定了禁止抵押的财产范围：①土地所有权；②宅基地、自留地、自留山等集体所有土地的使用权，但是法律规定可以抵押的除外；③学校、幼儿园、医疗机构等为公益目的成立的非营利法人的教育设施、医疗卫生设施和其他公益设施；④所有权、使用权不明或者有争议的财产；⑤依法被查封、扣押、监管的财产；⑥法律、行政法规规定不得抵押的其他财产。

（三）抵押登记

抵押登记，是指依财产权利人的申请，登记机关将在该财产上设立抵押权的相关事项记载于登记簿上的事实。对于不动产抵押，我国法律采取登记生效主义原则，抵押权自登记时设立，《民法典》第402条规定，以本法第395条第1款第1项至第3项规定的财产或者第5项规定的正在建造的建筑物抵押的，应当办理抵押登记。即以建筑物和其他土地附着物、建设用地使用权、海域使用权和正在建造的建筑物抵押的，应当办理抵押登记。对于动产抵押，我国法律则采取登记对抗主义原则。《民法典》第403条规定，以动产抵押的，抵押权自抵押合同生效时设立；未经登记，不得对抗善意第三人。根据《国务院关于实施动产和权利担保统一登记的决定》规定，自2021年1月1日起，在全国范围内实施动产和权利担保统一登记。由当事人通过中国人民银行征信中心动产融资统一登记公示系统自主办理登记。

三、抵押权的内容

（一）抵押权人的权利

1. 抵押权的保全权。《民法典》第408条规定："抵押人的行为足以使抵押财产价值减少的，抵押权人有权请求抵押人停止其行为。抵押财产价值减少的，抵押权人有权请求恢复抵押财产的价值，或者提供与减少的价值相应的担保。抵押人不恢复抵押财产的价值也不提供担保的，抵押权人有权请求债务人提前清偿债务。"该条文包含了抵押权保全的两种方法，一是防止抵押财产价值减少的请求权，二是恢复抵押财产价值或增加担保的请求权。

2. 抵押权的处分权。抵押权可以转让或者作为其他债权的担保，但不得与债权分离而单独转让，法律另有规定或者当事人另有约定的除外。抵押权人也可以抛弃其享有的抵押权或顺位利益。《民法典》第409条第1款规定，抵押权人可以放弃抵押权或者抵押权的顺位。抵押权人与抵押人可以协议变更抵押权顺位以及被担保的债权数额等内容。但是，抵押权的变更未经其他抵押权人书面同意的，不得对其他抵押权人产生不利影响。

对于危及第三人利益的抵押权抛弃，《民法典》第409条第2款规定，债务人以自己的财产设定抵押，抵押权人放弃该抵押权、抵押权顺位或者变更抵押权的，其他担

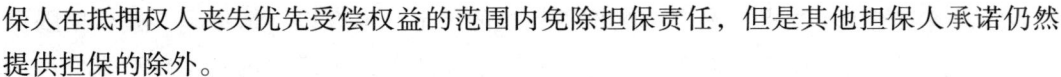

保人在抵押权人丧失优先受偿权益的范围内免除担保责任，但是其他担保人承诺仍然提供担保的除外。

3. 优先受偿权。优先受偿权是抵押权人最核心的权利，是抵押权发挥担保功能的关键所在。优先受偿权具体表现在四方面：①一般情况下，抵押权人优先于普通债权人受偿；②抵押物被其他债权人申请查封、扣押等保全措施或申请执行的，不影响抵押权人的优先受偿；③抵押人破产时，抵押权优于抵押人的一切债权，抵押权人享有别除权；④顺序在先的抵押权优于顺序在后的抵押权。

4. 对被法院扣押后的抵押物之孳息的收取权。《民法典》第412条规定："债务人不履行到期债务或者发生当事人约定的实现抵押权的情形，致使抵押财产被人民法院依法扣押的，自扣押之日起，抵押权人有权收取该抵押财产的天然孳息或者法定孳息，但是抵押权人未通知应当清偿法定孳息义务人的除外。前款规定的孳息应当先充抵收取孳息的费用。"

（二）抵押人的权利

抵押人作为所有权人在以其财产设定抵押后，仍享有对其财产亦即抵押物进行占有、使用、收益、处分的权利。

1. 出租抵押财产的权利。《民法典》第405条规定，抵押权设立前，抵押财产已经出租并转移占有的，原租赁关系不受该抵押权的影响。本条规定的情况是将已出租的财产作为抵押，原租赁关系不受影响的前提是抵押财产已经实际转移给承租人占有，如果抵押人将已抵押的财产出租，由于抵押权成立在先，租赁权则不能对抗抵押权。

2. 转让抵押财产的权利。《民法典》第406条规定，抵押期间，抵押人可以转让抵押财产。当事人另有约定的，按照其约定。抵押财产转让的，抵押权不受影响。抵押人转让抵押财产的，应当及时通知抵押权人。抵押权人能够证明抵押财产转让可能损害抵押权的，可以请求抵押人将转让所得的价款向抵押权人提前清偿债务或者提存。转让的价款超过债权数额的部分归抵押人所有，不足部分由债务人清偿。

3. 在抵押财产上多次设定担保物权的权利。财产抵押后，对该财产价值大于所担保债权的余额部分，抵押人仍有权再次设立后顺位的抵押权或质权。

四、抵押权的实现

（一）抵押权实现的条件

抵押权的实现是一种附条件的法律行为，只有当所附条件成就时，才可以为之。抵押权的实现，必须具备以下要件：①须抵押权有效存在。《民法典》第391条规定，第三人提供担保，未经其书面同意，债权人允许债务人转移全部或者部分债务的，担保人不再承担相应的担保责任。《民法典》第419条规定，抵押权人应当在主债权诉讼时效期间行使抵押权；未行使的，人民法院不予保护。②须债务已届清偿期，债务人未清偿债务或发生了当事人约定的实现抵押权的情形。但在以下情形下，履行期限没有届满，债权人仍可以实行抵押权：其一，债务人被人民法院裁定受理破产案件；其二，抵押人故意毁损或者减少抵押物的价值，抵押人应另行提供担保而予以拒绝；其三，债务人明确表示或者以自己的行为表明不履行债务；其四，发生当事人约定的实现抵押权的情形等。

（二）抵押权实现的途径

1. 自力救济途径。所谓自力救济，是指在民事法律关系中，权利人不借助国家机关的公力，而以自己的力量来保护自己或他人权利的行为。依照《民法典》第 410 条的规定，抵押权人可以与抵押人协议以抵押财产折价或者以拍卖、变卖该抵押财产所得的价款优先受偿。这就是自力救济在抵押权实现方面的体现。自力救济强调交易的便捷性和经济性，能更好地保护抵押权人的利益，并与设立抵押权的目的吻合，对双方当事人均为有利。但需注意的是，《民法典》第 401 条规定，抵押权人在债务履行期限届满前，与抵押人约定债务人不履行到期债务时抵押财产归债权人所有的，只能依法就抵押财产优先受偿。此条款为保护抵押人，对抵押权人的自力救济权限进行了一定的限制。

2. 公力救济途径。公力救济指当权利人的权利受到侵害，权利人行使诉讼权，诉请人民法院依民事诉讼程序保护自己的救济方式。公力救济途径在抵押权实现中占据重要地位。《民法典》第 410 条第 2 款规定，抵押权人与抵押人未就抵押权实现方式达成协议的，抵押权人可以请求人民法院拍卖、变卖抵押财产。抵押权人与抵押人未就实现抵押权达成协议，主要有两种情形：一是双方就债务履行期届满债权未受清偿的事实没有异议，只是就采用何种方式来处理抵押财产的问题达不成一致意见；二是双方在债务是否已经履行以及抵押权本身的问题上存在争议，如双方对抵押合同的有关条款或者抵押权的效力问题存在争议。对于第一种情形，即抵押权人与抵押人仅就抵押权实现的方式未达成协议的，为了简便抵押权的实现程序，《民法典》第 410 条规定，抵押权人可以直接请求人民法院拍卖、变卖抵押财产。对于第二种情形，抵押权人仍应当采取向人民法院提起诉讼的方式解决纠纷。

（三）抵押权实现的方式

1. 抵押财产折价。抵押财产的折价，又称协议取得抵押财产，是指在抵押权实现时，抵押权人与抵押人达成协议，按照抵押财产自身的品质来参考市场价格将其折算为价款，把抵押财产所有权转移给抵押权人，从而实现抵押权的方式。根据《民法典》第 410 条的规定，折价的方式仅适用于当事人自己协商实现抵押权的途径，如经向法院提起诉讼以实现抵押权则不可采用该方式。

2. 抵押财产拍卖。抵押财产拍卖，是指通过拍卖程序将抵押财产变价，以其变价款实现抵押权。拍卖是以公开竞价的方式出售抵押财产，其成交价格能最大限度地体现抵押财产的价值，有利于维护抵押人的利益，也能充分发挥抵押财产对债权的担保功能，进而维护债权人的利益。故在司法实务中，法院一般是以拍卖为原则、以变卖为例外，而且相较于变卖，拍卖的公开性和透明度更高。

3. 抵押财产变卖。抵押财产变卖是指以一般的买卖形式出卖抵押财产，以其变价款实现债权的方式。相较于拍卖，变卖更为简易和自由。

抵押财产折价或者变卖的，应当参照市场价格。还应注意的是，当抵押权人与抵押人协议处理抵押财产时，可能涉及抵押人的其他债权人的利益，如果抵押财产折价过低或者拍卖、变卖的价格远低于市场价格，如一套抵押住房的市场价格为100万元，抵押权人与抵押人却仅以50万元的价格协议变卖，在该抵押权人就变卖所得价款优先受偿后，可供后顺位的抵押权人以及其他债权人实现其债权的数额就会大大减少，从而损害他们的利益。为了保障其他债权人的利益，《民法典》第410条第1款规定，协议损害其他债权人利益的，其他债权人可以请求人民法院撤销该协议。

（四）抵押财产的清偿顺序

在抵押财产折价或者拍卖、变卖后，其价款超过债权数额的部分归抵押人所有，不足部分由债务人清偿。当抵押财产上存在多个担保物权时，依以下规则处理：

1. 同一抵押财产上多个抵押权共存时的清偿顺序。《民法典》第414条规定，同一财产向两个以上债权人抵押的，拍卖、变卖抵押财产所得的价款的清偿顺序有三种情况：①抵押权都已经登记的，按照登记的时间先后确定清偿顺序；顺序相同的，按照债权比例清偿。抵押登记的日期是在同一天的，则抵押权的顺序相同。②抵押权已经登记的先于未登记的受偿。③抵押权都未登记的，按照债权比例清偿。因不动产抵押采取登记生效主义，故此种情况针对的是动产抵押。因动产抵押未登记则不得对抗善意第三人，故未登记的抵押权之间均无对抗效力，只能依债权比例进行清偿。其他可以登记的担保物权，清偿顺序参照适用前款规定。

根据《民法典》第409条之规定，抵押权人可以放弃其抵押权的顺位，也可以与抵押人协议变更抵押权顺位等。但是，抵押权顺位的变更未经其他抵押权人书面同意的，不得对其他抵押权人产生不利影响。

2. 同一抵押财产上抵押权与质权共存时的清偿顺序。《民法典》第415条规定，同一财产既设立抵押权又设立质权的，拍卖、变卖该财产所得的价款按照登记、交付的时间先后确定清偿顺序。该规则的本质就是，无论抵押权还是质权，以其公示的时间为准。公示在先的权利，就优先受到清偿。

3. 动产购买价款抵押权优先受清偿。《民法典》第416条规定，动产抵押担保的主债权是抵押物的价款，标的物交付后10日内办理抵押登记的，该抵押权人优先于抵押物买受人的其他担保物权人受偿，但是留置权人除外。实务中，该条文规定的情形被称之为"价款抵押权""超级优先权""价金担保权"等。作为《民法典》第414条确立的"先登记者优先规则"的例外，《民法典》第 416 条奉行"后登记者优先原则"。即出卖人将标的物出卖给买受人后，或债权人提供标的物价款后，出卖人或债权人为了担保基于购买该标的物形成的价款债权而在该标的物上设立抵押权，只要在标的物交付后 10 日内办理抵押登记的，出卖人或债权人的抵押权优先于该标的物上设立的其他担保物权（留置权除外）得到清偿，即使其他担保物权设立在先。

五、特殊抵押权

（一）浮动抵押

1. 动产浮动抵押的概念与特征。动产浮动抵押，是指财产抵押给债权人后，抵押财产处于变动之中，只有当约定的条件发生时抵押财产才被固定，并用来清偿被担保的债权。动产浮动抵押创设于 19 世纪的英国，是英国衡平法上的一项担保制度。动产浮动抵押具有以下特征：

（1）抵押主体的限定性。动产浮动抵押的抵押人在英国法上限于公司法人，日本法将其限定为股份有限公司。美国法的规定则相对宽泛，抵押人既可以是公司又可以是合伙、个人。我国物权法将其限定为企业、个体工商户、农业生产经营者。

（2）抵押财产的集合性。抵押财产通常包括公司的不动产、动产和无形资产以及公司对外享有的各项财产权利。我国《民法典》规定的动产浮动抵押的财产仅限于现有或将有的生产设备、原材料、半成品、产品，不包含不动产和商业信誉等。

（3）抵押财产的浮动性。①抵押财产不特定，既可以包括抵押人现有的财产，也包括其将来取得的财产。②抵押财产的形态经常发生变化。③抵押财产并非永远浮动，最终也会被特定化，在封押时确定。

（4）抵押性质的转化性。动产浮动抵押中的抵押财产于债务人不履行到期债务或当事人约定的实行抵押权的情形时发生封押，封押之后财产固定，即转为固定抵押。

2. 动产浮动抵押的设立。根据《民法典》第 400 条和 403 条的规定，动产浮动抵押的抵押人和抵押权人应签订书面抵押合同，抵押权自抵押合同生效时设立。未经登记，不得对抗善意第三人。动产浮动抵押由当事人通过人民银行征信中心动产融资统一登记公示系统自主办理登记。

3. 动产浮动抵押的效力。

（1）动产浮动抵押的效力范围。动产浮动抵押设立后，在约定的封押条件成就之前，抵押人在其营业范围内，可以自由处分其抵押财产。《民法典》第 404 条规定，以动产抵押的，不得对抗正常经营活动中已经支付合理价款并取得抵押财产的买受人。

（2）动产浮动抵押封押后的效力。动产浮动抵押财产固定后，抵押的效力不仅及于封押时抵押人所有的财产，而且及于封押后抵押人所取得的财产，抵押人对抵押财产不得再自行处分。

（二）最高额抵押

最高额抵押是随着社会经济生活的发展而形成的，在设立了最高额抵押以后，合同双方当事人不必再为每一笔交易再去办理抵押、登记等相关手续，即可为债权人的债权提供担保，为交易提供方便，这样无疑可以节省大量的人力、财力、物力，大大地提高了交易的效率。

1. 最高额抵押权的概念。最高额抵押权又称限定额抵押权，是指对于债权人一定范围内的不特定而又连续发生的债权预定一个限额，并由债务人或者第三人提供抵押财产予以担保而设定的一种特殊抵押权。《民法典》第 420 条第 1 款规定，为担保债务的履行，债务人或者第三人对一定期间内将要连续发生的债权提供担保财产的，债务人不履行到期债务或者发生当事人约定的实现抵押权的情形，抵押权人有权在最高债权额限度内就该担保财产优先受偿。

2. 最高额抵押权的设定。

（1）订立书面合同。除应具备普通抵押合同应具备的一般条款之外，最高额抵押合同还应具备一些特殊规定。一是抵押权所担保的债权范围和最高限额。未订明此种事项的，不能成立最高额抵押权。二是决算期，即确定计算抵押权所担保的债权实际数额的日期。如果当事人在合同中未约定决算期，在最高额抵押合同中订有存续期间并已经登记的，此项期间届满之时即为决算期。如果抵押合同登记的存续期间过长，当事人均有权提出确定合理的决算期。

（2）登记。最高额抵押权须办理登记后方可设立。

3. 最高额抵押权的效力。

（1）最高额抵押所担保的主债权转让的效力。《民法典》第 421 条规定，最高额抵押担保的债权确定前，部分债权转让的，最高额抵押权不得转让，但当事人另有约定的除外。该条明确了在债权确定之前，最高额抵押权独立于其所担保的债权的原则，并增加了一个但书规定，即当事人另有约定时，债权虽未确定，但是主债权转让的，最高额抵押权亦随之转让。当事人的约定主要有以下两种情形：①部分债权转让的，抵押权也部分转让，原最高额抵押所担保的债权额随之相应减少。在这种情况下，转让的抵押权需要重新作抵押登记，原最高额抵押权需要作变更登记。②部分债权转让的，全部抵押权随之转让。未转让的部分债权成为无担保债权。

（2）最高额抵押权的变更。在最高额抵押所担保的债权确定前，抵押权人与抵押人可以通过协议变更债权确定的期间、债权范围以及最高债权额，但变更的内容不得对其他抵押权人产生不利影响。

（3）抵押权人实现最高额抵押权时，如果实际发生的债权余额高于最高限额的，以最高限额为限，超过部分不具有优先受偿的效力；如果实际发生的债权余额低于最高限额的，以实际发生的债权余额为限对抵押物优先受偿。

4. 最高额抵押权的实现。最高额抵押权的实现必须具备两个条件：一是抵押权担保的债权数额已确定；二是债权已到履行期。故当事人除规定决算期外，还应当规定债的履行期限。但就最高额抵押而言，债权数额的确定是其中的主要问题。根据《民法典》第 423 条的规定，抵押权人的债权在下列情况下确定：①约定的债权确定期间届满；②没有约定债权确定期间或者约定不明确，抵押权人或者抵押人自最高额抵押设立之日起满 2 年后请求确定债权；③新的债权不可能发生；④抵押权人知道或者应当知道抵押财产被查封、扣押；⑤债务人、抵押人被宣告破产或被撤销；⑥法律规定债权确定的其他情形。

项目三　质权

一、质权概述

（一）质权的概念

根据《民法典》第 425 条、第 440 条的规定，质权是指为了担保债务的清偿，债务人或第三人将其动产或权利移交债权人占有，在债务人不履行到期债务或发生当事人约定的实现债权的情形时，债权人可就其占有的动产或权利变价所获得的价金优先受偿的权利。在质权的法律关系中，享有质权的债权人，称为质权人；将动产或可让与的财产权利转移给质权人占有并以其作为债的担保的债务人或者第三人，称为出质人。出质人转移给质权人占有并以其作为债权担保的动产或可让与财产权利，称为质物或质押标的。

（二）质权的特征

1. 质权具有一切担保物权所具有的共同特性，即具有从属性、不可分性和物上代位性。

2. 质权的标的是动产和可转让的权利，不动产不能设定质权，质权因此分为动产质权和权利质权。

3. 质权是移转质物的占有的担保物权。动产质权以占有标的物为成立要件，权利质权一般以登记为成立条件。

二、动产质权

案例

甲为电脑销售商，因临时出国，将尚未出售的一批电脑委托好友乙暂时代为保管。乙因经商急需而向丙借款，丙要求提供担保，乙遂将甲的电脑出质于丙。丙将该电脑委托丁进行保管，费用 1000 元。后甲发现此事，遂引起纠纷。

问题：（1）丙对该电脑是否享有质权？为什么？

（2）保管费由1000元由谁承担？为什么？

（一）动产质权的概念

动产质权是指债务人或者第三人将其动产移交债权人占有，将该动产作为债权的担保。债务人不履行债务时，债权人有权依照有关法律的规定以该动产折价或者以拍卖、变卖该动产的价款优先受偿。根据此概念，动产质权的质物为动产，该动产一般应符合以下条件：①须为特定的动产。充作质押财产的动产须是特定化的物，包括特定物和特定化的种类物。如果质押财产尚未特定，质权将无从依附，质押财产也无从移转占有。②须具有让与性。性质上不能让与的财产，或者虽从其性质上可让与但属于法律禁止流通的财产，不能为动产质权的标的物。这是因为动产质权为变价权，以不能让与的动产为质物的，质权人不能以质物的变价受偿，从而无法实现其权利。

（二）动产质权的取得

1. 基于法律行为而取得。

（1）动产质权的设定。动产质权的设定是最为常见的动产质权发生原因。动产质权的设定需有物权合意、转移占有以及有效的主债权存在。

《民法典》第427条规定，设立质权，当事人应当采取书面形式订立质权合同。质押合同的内容一般包括：①被担保的主债权的种类、数额；②债务人履行债务的期限；③质押财产的名称、数量等情况；④担保的范围；⑤质押财产交付的时间、方式。第428条规定，质权人在债务履行期限届满前，与出质人约定债务人不履行到期债务时质押财产归债权人所有的，只能依法就质押财产优先受偿。

质权自出质人交付质押财产时设立。交付包括现实交付、指示交付和简易交付，但不包括占有改定。

（2）动产质权的让与。动产质权并非专属性的担保物权，可通过让与方式取得。但由于动产质权具有从属性，它是为担保债权而存在的，不能与其所担保的主债权相分离，故动产质权应与其所担保的债权一并让与。也就是说，债权让与时，动产质权原则上也随同转移于受让人，受让人也因此而取得质权。

2. 基于法律行为以外的原因而取得。

（1）动产质权的善意取得。对于出质人以自己没有权利处分的第三人财产来设定的质权，这时如果质权人基于善意占有质物，构成质权的善意取得。承认质权的善意取得，有助于维护动产占有的公信力，有利于促进质权的鼓励交易、保障交易安全的社会功能的实现。《民法典》第311条第3款规定，当事人善意取得其他物权的，参照适用第1、2款所有权的善意取得的法律规定。

（2）因继承而取得。动产质权系财产权，自然可以依继承方式而取得。即在质权人死亡时，其继承人可以依继承法的规定而取得该质权，且不以继承人是否知其事实或是否占有质物为必要。

（三）动产质权的效力

1. 质权人的权利。

（1）占有质物。质权人有权在债权受清偿前占有质物。对质物的占有，既是质权的成立要件，也是质权的存续要件，质权人有权在债权受清偿前占有质物，并以质物的全部行使其权利。因不可归责于质权人的事由而丧失对质物的占有的，质权人可以向不当占有人请求停止侵害、恢复原状、返还质物。

（2）收取孳息。孳息包括法定孳息与自然孳息。《民法典》第 430 条规定："质权人有权收取质押财产的孳息，但是合同另有约定的除外。前款规定的孳息应当先充抵收取孳息的费用。"据此条规定可知，质权人能否收取孳息有两种情况：一是如果当事人在合同中明确约定质权人无权收取质物所产生的孳息，则质权人不能收取质物孳息作为债权的担保；二是如果当事人对质权人能否收取孳息没有约定或者约定不明的，质权人有权依照本条的规定收取质物所产生的孳息。依法收取的孳息首先应当充抵收取孳息的费用，然后充抵主债权的利息和主债权。

（3）转质。《民法典》第 434 条规定，质权人在质权存续期间，未经出质人同意转质，造成质押财产毁损、灭失的，应当承担赔偿责任。据此规定可知，转质应当经出质人同意。

（4）处分质物并就其价金优先受偿。债务履行期届满，质权人未受清偿的，可以与出质人协议以质物折价，也可以依法拍卖、变卖质物。质物折价或拍卖、变卖后，其价款超过债权数额的部分归出质人所有，不足部分由债务人清偿。在质物灭失、毁损或者被征用的情况下，抵押权人可以就该质物的保险金、赔偿金或者补偿金优先受偿。如果质物灭失、毁损或者被征用时，质权所担保的债权又未届清偿期的，质权人可以请求法院对保险金、赔偿金或者补偿金等采取保全措施。

（5）费用支付请求权。质权人有请求出质人支付保管标的物之费用的权利。

（6）保全质权的权利。因不能归责于质权人的事由可能使质押财产毁损或者价值明显减少，足以危害质权人权利的，质权人有权要求出质人提供相应的担保；出质人不提供的，质权人可以拍卖、变卖质押财产，并与出质人通过协议将拍卖、变卖所得的价款提前清偿债务或者予以提存。

2. 质权人的义务。

（1）保管标的物。质权人占有质物，自然应负保管义务。《民法典》第 432 条第 1 款规定："质权人负有妥善保管质押财产的义务；因保管不善致使质押财产毁损、灭失的，应当承担赔偿责任。"所谓妥善保管，即以善良管理人的注意义务对质押财产加以保管。善良管理人的注意，是指依照一般交易上的观念，认为有相当的知识经验及诚意的人所具有的注意，即以一种善良的心和应当具备的知识来保管质物。

（2）不作为的义务。质权人在质权存续期间，未经出质人同意，擅自使用、处分质押财产，给出质人造成损害的，应当承担赔偿责任。质权人的行为可能使质押财产毁损、灭失的，出质人可以要求质权人将质押财产提存，或者要求提前清偿债务并返还质押财产。

（3）返还质物的义务。债务人履行债务或者出质人提前清偿所担保的债权的，质权人应当返还质押财产。

3. 出质人的权利。

（1）出质人在质权人因保管不善致使质物毁损、灭失时，有权要求质权人承担民事责任。

（2）因质权人不能妥善保管质物可能致使其灭失或者毁损的，出质人可以要求质权人将质物提存，或者要求提前清偿债权而返还质物。将质物提存的，质物提存费用由质权人负担；出质人提前清偿债权的，应当扣除未到期部分的利息。

（3）债务履行期届满，债务人履行债务的，或出质人提前清偿所担保的债权的，出质人有权要求质权人返还质物。

4. 出质人的义务。

（1）损害赔偿义务。在动产质权关系中，出质人对于因质物隐有瑕疵所生的损害，负有赔偿责任；当质物的明显瑕疵致质权人受损害时，亦同。不过在后者，该损害赔偿债权属于普通债权，非属质权担保的范围。

（2）偿还必要费用的义务。出质人对于质权人因保管质物所支出的必要费用，负有偿还义务。

（四）动产质权的实现

《民法典》第 436 条第 2 款规定，债务人不履行到期债务或者发生当事人约定的实现质权的情形，质权人可以与出质人协议以质押财产折价，也可以就拍卖、变卖质押财产所得的价款优先受偿。

1. 动产质权实现的条件：①须质权有效存在；②被质权担保的债权已届清偿期而未受清偿。

2. 动产质权实现的方法：质押财产折价、拍卖、变卖。有关折价、拍卖、变卖的法律规定参见前述"抵押权的实现"部分。

（五）动产质权的消灭

动产质权因下列原因而消灭：

1. 被担保债权的消灭。

2. 动产质权的实现。

3. 质物的灭失。

4. 质物占有的丧失且不能回复。

5. 质权的抛弃和质物的返还。

（六）最高额质权

《民法典》第 439 条规定，出质人与质权人可以协议设立最高额质权。最高额质权除适用动产质权的有关规定外，参照适用最高额抵押的有关规定。

四、权利质权

（一）权利质权的概念

权利质权是指以所有权、用益物权以外的可让与的财产权利为标的而设定的质权。例如，债务人或者第三人以应收账款设定质权。

（二）权利质权的特征

1. 权利质权的标的是所有权、用益物权以外的可让与的财产权利。根据《民法典》第 440 条规定，债务人或者第三人有权处分的下列权利可以出质：①汇票、本票、支票；②债券、存款单；③仓单、提单；④可以转让的基金份额、股权；⑤可以转让的注册商标专用权、专利权、著作权等知识产权中的财产权；⑥现有的以及将有的应收账款；⑦法律、行政法规规定可以出质的其他财产权利。

2. 权利质权以交付权利凭证或登记为公示方法。亦即，能交付的就交付，不能交付的则办理登记。

3. 权利质权是一种特殊的质权形式。对于法律无明确规定的事项，亦可准用动产质权的相关规定。

（三）权利质权的设定

1. 证券质权的设定。《民法典》第 441 条规定，以汇票、本票、支票、债券、存款单、仓单、提单出质的，质权自权利凭证交付质权人时设立；没有权利凭证的，质权自办理出质登记时设立。法律另有规定的，依照其规定。

《民法典》第 442 条规定，汇票、支票、本票、债券、存款单、仓单、提单的兑现日期或者提货日期先于主债权到期的，质权人可以兑现或者提货，并与出质人协议将兑现的价款或者提取的货物提前清偿债务或者提存。

2. 可以转让的基金份额、股权质权的设定。以基金份额、股权出质的，当事人应当订立书面合同。以基金份额、证券登记结算机构登记的股权出质的，质权自证券登记结算机构办理出质登记时设立；以其他股权出质的，质权自工商行政管理部门办理出质登记时设立。

基金份额、股权出质后，不得转让，但经出质人与质权人协商同意的除外。出质人转让基金份额、股权所得的价款，应当向质权人提前清偿债务或者提存。

3. 知识产权质权的设定。以注册商标专用权、专利权、著作权等知识产权中的财

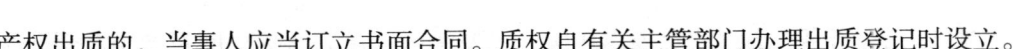

产权出质的，当事人应当订立书面合同。质权自有关主管部门办理出质登记时设立。

知识产权中的财产权出质后，出质人不得转让或者许可他人使用，但经出质人与质权人协商同意的除外。出质人转让或者许可他人使用出质的知识产权中的财产权所得的价款，应当向质权人提前清偿债务或者提存。

4. 应收账款质权。以应收账款出质的，当事人应当订立书面合同。质权自信贷征信机构办理出质登记时设立。应收账款出质后，不得转让，但经出质人与质权人协商同意的除外。出质人转让应收账款所得的价款，应当向质权人提前清偿债务或者提存。

（四）其他

有关权利质权的效力和权利质权的实现，参照动产质权的相关规定。

项目四　留置权

一、留置权的概念

留置权，是指依照法律的规定，债权人在债务人不履行债务时，对其合法占有的债务人的动产予以留置，并就该动产折价或者以拍卖、变卖该动产的价款优先受偿的权利。《民法典》第 447 条第 1 款规定，债务人不履行到期债务，债权人可以留置已经合法占有的债务人的动产，并有权就该动产优先受偿。在留置权法律关系中，债权人为留置权人，被留置的动产为留置物，留置物的所有权人或合法占有并将其转移给债权人的人为债务人。

二、留置权的特征

1. 留置权是法定担保物权。留置权是法定担保物权，因此优先于抵押权、质权等意定担保物权而实现。法定性，是指法律明确规定了留置权发生的要件，至于当事人是否适用留置权，则不加限制。但应注意，当事人可预先约定排除留置权条款的适用。

2. 留置权具有牵连性。《民法典》第 448 条规定："债权人留置的动产，应当与债权属于同一法律关系，但企业之间留置的除外。"即债权人基于一定的债权债务关系而占有债务人的动产，该动产与债权债务关系属于同一法律关系，在该债务发生到期未履行的情形时，债权人得以继续扣留和占有债务人的动产。

3. 留置权是动产担保物权，以债权人合法占有动产为要件。在符合《民法典》第 447 条规定的条件下，债权人对已经合法占有的债务人的动产可以产生留置权。同时《民法典》第 449 条规定，法律规定或者当事人约定不得留置的动产，不得留置。该条规定对留置权的适用范围作出了限制，规定了不得留置的两种情形。只要不属于这两种情形，又符合留置权成立的条件，均可以成立留置权。留置权属于法定担保物权，法律之所以允许当事人通过约定加以排除，主要是由于设立留置权的目的是基于公平原则，保护债权人的利益，担保债权的实现，并未涉及公共利益或者其他第三人的利益。如果债权人基于意思自治而自愿放弃这一权利，法律自然不对其加以干涉。

4. 留置权是发生二次效力的担保物权。第一次是产生留置权的效力，第二次是实现留置权的效力。留置权人留置标的物后不得直接处分标的物，只有经催告债务人仍不履行债务时，债权人才能处分标的物以优先受偿。

三、留置权的取得

（一）积极要件

留置权取得的积极要件，是留置权的取得所应具有的事实。这主要有以下几项：

1. 须债权人合法占有债务人的动产。留置权的目的在于担保债的履行，因此享有留置权的应当是债权人，且须债权人合法占有债务人的财产，其占有方式无论是直接占有还是间接占有均可。债权人合法占有债务人交付的动产的，若其不知道债务人无处分该动产的权利，则债权人仍可以依法享有留置权。债权人合法占有债务人的动产的情形多发生于保管合同、运输合同、加工承揽合同等法律关系中。若留置财产为可分物的，留置财产的价值应当相当于债务的金额。

2. 须债权已届清偿期。债权人虽占有债务人的动产，但在债权尚未届清偿期时，因此时尚不发生债务人不履行债务的问题，不发生留置权。只有在债权已届清偿期，债务人仍不履行债务时，债权人才可以留置债务人的动产。债权人的债权未届清偿期，其交付占有标的物的义务已届清偿期的，不能行使留置权。但是，债权人能够证明债务人无支付能力的除外。

3. 须债权的发生与该动产属于同一法律关系。同一法律关系是指债权与债权人所负的动产返还义务系基于同一法律关系产生的。债权系因该动产而产生的费用偿还请求权或者因该动产而产生的损害赔偿请求权。同时，由于在商业实践中，企业之间相互交易频繁，追求交易效率，讲究商业信用，如果严格要求留置财产必须与债权的发生具有同一法律关系，则有悖交易迅捷和交易安全原则。因此，我国《民法典》同时规定，企业之间留置的财产可以不与债权属于同一法律关系。

（二）消极要件

留置权取得的消极要件是指阻止留置权发生的情形或因素，也称留置权成立的限制。其要件有以下几项：

1. 须当事人事先未作不得留置的约定。留置权是法定担保物权，当事人不得约定设立，但可依当事人合意排除留置权的适用。《民法典》第449条规定，法律规定或者当事人约定不得留置的动产，不得留置。

2. 留置债务人财产须不违反法律规定和公序良俗，此条系民事活动应遵循的一般原则，如不能因拖欠运费问题而留置救灾物资等。

3. 须留置财产与债权人所承担义务不相抵触。如果债权人在合同中的义务即是交付标的物，则债权人不得以债务人不履行义务为由行使留置权，否则与其所承担义务的本旨相违背。

（三）留置权的善意取得

留置权的善意取得是指在留置担保中，债权人合法占有债务人交付的动产的，若其不知道债务人无处分该动产的权利，则债权人仍可对该动产行使留置权。在留置关系中，当债务人将其占有的动产交付给债权人时，双方是为了履行合同，此时债权人往往对留置物付出的为劳务，其没有必要也不可能审查债务人交付的动产是否属于其本人所有。根据债务人动产占有的公信力，以及民法的诚信原则和公平原则，债权人对其善意取得的不属于债务人所有的动产享有留置权。

四、留置权的效力

（一）留置权人的权利

留置权一经成立，债权人就成为留置权人，依法对留置物和债务人享有权利。留置权人的权利是留置权效力的最直接体现，是债权人得以实现其债权的根本保证。留置权人的权利主要包括以下几项：

1. 占有权。留置权以债权人占有债务人的财产为法定成立条件，因而，留置权一经成立，留置权人就当然享有继续占有留置物的权利。留置物的占有权是留置权物权性的具体表现。

2. 留置物孳息的收取权。留置权人在占有留置物期间，有权收取留置物所生之自然孳息和法定孳息。这种孳息收取权系基于留置权效力产生的，而非基于占有的效力。所以，留置权人只能收取孳息，而不能取得孳息的所有权。留置权人收取孳息后，对于孳息成立孳息留置权，其与原物成立的留置权一样，具有担保作用，可以用于优先抵偿债权。但应当注意虽然留置权人有权收取留置物孳息以优先抵清其债权，但这种权利对债务人而言并无不利之处，实际上留置权人乃为债务人利益行使权利。因而，留置权人收取孳息，既是其权利，又是其义务。若留置权人欠缺善良管理人的注意，怠于收取孳息，造成债务人损失的，应对债务人负赔偿责任。

3. 必要费用的偿还请求权。留置权人对以善良管理人的注意保管留置物所支出的费用，有权向留置物的所有人要求偿还。因为留置权人是为保管留置物而支出必要费用的，其受益者为留置物的所有人，即债务人。

4. 优先受偿权。根据《民法典》的规定，债务人到期不履行义务，经债权人催告，在合理期限内仍不履行义务的，债权人有权依法变卖留置物，以变卖财产的价款优先受偿。优先受偿权的受偿范围包括：原债权、利息、违约金、保管留置物的必要费用、行使留置权的费用等。如果留置物价值大于受偿范围，其剩余部分应返还债务人，留置物价值小于受偿范围，剩余的债权无优先受偿的效力。优先受偿权与留置物占有权、孳息收取权、使用权、必要费用偿还请求权不同，后四项权利在留置权成立后即可行使，故称为留置权的第一次效力，而优先受偿权只能在留置权的第一次效力发生后，于一定条件下行使，故称为留置权的第二次效力。

（二）留置权人的义务

1. 妥善保管留置物，不得擅自使用、出租、处分。留置权人因对留置物享有占有权而负有以善良管理人的注意来妥善保管留置物的义务，原则上，留置权人对留置物只能予以占有、扣留，而不能使用。但是在下列两种情况下，留置权人得使用留置物：其一，留置权人经债务人同意，有权使用留置物。这种使用系经所有人同意的合法使用，留置权人当然取得使用权，受法律保护。其二，为保管上的需要，留置权人于必要范围内有权使用留置物。例如，适当地运用机器，开动车辆，以防止其生锈，即为必要使用。对于留置物保管上的必要使用，无须经债务人同意，不构成对债务人所有权的侵犯。

2. 返还留置物。在留置权所担保的债权消灭，或者债权虽未消灭，但债务人另行提供担保时，债权人应当向债务人返还留置物。

（三）留置物所有权人的权利

1. 损害赔偿请求权。当留置权人未尽善良管理人的注意义务而致留置物毁损、灭失时，留置物所有权人有权请求留置权人承担赔偿责任。《民法典》第451条规定，留置权人负有妥善保管留置财产的义务；因保管不善致使留置财产毁损、灭失的，应当承担赔偿责任。

2. 留置财产返还请求权。在留置权消灭时，留置物所有权人有权请求留置权人返还留置物。

（四）留置物所有权人的义务

1. 返还保管费用的义务。当留置权人因保管留置物而支付了必要的保管费用时，留置物所有权人应当承担返还该费用的义务。

2. 损害赔偿义务。如果因留置物的隐匿瑕疵而致留置权人损害时，应当准用动产质权中关于因质物隐匿瑕疵而致质权人损害时的规定，即该损害纳入留置权担保的债权范围。

五、留置权的实现

（一）留置权实现的要件

《民法典》第453条规定："留置权人与债务人应当约定留置财产后的债务履行期

限；没有约定或者约定不明确的，留置权人应当给债务人 60 日以上履行债务的期限，但鲜活易腐等不易保管的动产除外。债务人逾期未履行的，留置权人可以与债务人协议以留置财产折价，也可以就拍卖、变卖留置财产所得的价款优先受偿。"根据此规定，实现留置权须具备以下几个要件：

1. 须债务人不履行债务超过一定期限。此期限一般由当事人自行约定，当事人在合同中事先未约定期限或者约定不明确的，留置权人应当给债务人 60 日以上履行债务的期限，但是鲜活易腐等不易保管的动产除外。

2. 通知债务人在确定的期限内履行其义务。债权人未为该项通知时，不得实现其留置权。

3. 债务人在确定的期限内仍不履行其债务，且又未提供其他债务担保。如果债务人在确定的期限内履行了债务或提供了新的担保，则留置权归于消灭。

（二）留置权的实现方式

实现留置权的方式，是指依何种手段实现留置权。《民法典》第 455 条规定，实现留置权可采取对留置财产进行折价、拍卖或变卖三种方式进行。留置权人可以与债务人协议以留置财产折价，也可以就拍卖、变卖留置财产所得的价款优先受偿。留置财产折价或者被变卖的，应当参照市场价格。有关折价、拍卖或变卖的内容参见前述"抵押权的实现方式"。留置财产折价或者拍卖、变卖后，其价款超过债权数额的部分归债务人所有，不足部分由债务人清偿。

（三）留置权、抵押权与质权竞合时的顺位原则

留置权、抵押权与质权竞合时的顺位原则依照《民法典》第 456 条之规定，同一动产上已经设立抵押权或者质权，该动产又被留置的，留置权人优先受偿。

六、留置权的消灭

由于留置权既有物权性，又有担保性，因此物权的一般消灭原因（如标的物灭失、混同和放弃等）与担保物权的一般消灭原因（如主债权消灭、担保物权的实行等），均可适用于留置权。依照《民法典》第 457 条规定，留置权人对留置财产丧失占有或者留置权人接受债务人另行提供担保的，留置权消灭。故留置权消灭的特殊情形有二：

（一）提出担保

在留置权关系中，债权人留置债务人的动产，旨在对债务人造成心理压迫，而促其从速清偿债务。因此，如果当债务人为了清偿债务而提出了相当的担保时，由于该担保为留置物的代替物，债权人的留置权因此随同消灭。一般认为，通过提出担保而消灭留置权，须具备两项要件：

1. 须另行提供担保。因为担保分为人的担保与物的担保两种，债务人所提供的担保是否限于物的担保，各国的规定未尽一致。德国民法采肯定主义，认为债务人所提

供的担保应限于物的担保。不过，多数国家的民法规定，人的担保与物的担保均可。本书认为，只要留置权人认为对其债权的担保有效而予以接受，则不论债务人提供何种担保，都发生留置权消灭的后果。

2. 原则上提出的担保须与留置物的价值相当。是否相当，应先由留置权人自主决定。

（二）留置物占有的灭失

物权的留置权的成立和持续以占有留置物为要件，故留置物占有之丧失为物权的留置权消灭的特殊原因。需注意的是，若留置权人非依自己的意愿暂时丧失对留置财产占有的，留置权消灭，但这种消灭并不是终局性的消灭，留置权人可以依占有的返还原物之诉要求非法占有人返还留置物而重新获得留置权。

引例分析

引例1：

（1）有效。根据《民法典》第395条的规定，房屋和汽车均属于可抵押的财产。本案中双方按第400条的要求签订了书面的抵押合同，且房屋和汽车的抵押均办理了抵押登记。根据《民法典》第402条的规定，房屋的抵押权经登记生效；根据《民法典》第403条的规定，汽车属于动产抵押，抵押权自抵押合同生效时设立，登记后可以对抗善意第三人。

（2）《民法典》第405条规定："抵押权设立前，抵押财产已经出租并转移占有的，原租赁关系不受该抵押权的影响。"而本案中的租赁关系在房屋抵押权设立之后才发生，故无法对抗设立在先的抵押权。因此，抵押权人仍然有权要求就该房屋进行折价、拍卖或者变卖，以所得价款优先受偿。《民法典》第406条第1款规定："抵押期间，抵押人可以转让抵押财产。当事人另有约定的，按照其约定。抵押财产转让的，抵押权不受影响。"本案中的当事人并无另行约定，故轿车1的转让并不存在法律障碍，同时乙银行的抵押权并不受影响。抵押人甲将轿车1出卖给丁，虽未办理过户登记，但已实际交付给丁使用，根据《民法典》第225条规定的"船舶、航空器和机动车等的物权的设立、变更、转让和消灭，未经登记，不得对抗善意第三人"因此，虽双方未办理过户登记手续，但轿车1的所有权已经转移，只是不得对抗善意第三人。此处的乙银行可主张自己属于善意第三人，要求对轿车1行使其抵押权。当然，根据《民法典》第406条第2款规定："抵押人转让抵押财产的，应当及时通知抵押权人。抵押权人能够证明抵押财产转让可能损害抵押权的，可以请求抵押人将转让所得的价款向抵押权人提前清偿债务或者提存。"因此，乙银行亦可选择向抵押人甲主张以转让所得的价款优先受偿。

《民法典》第390条规定："担保期间，担保财产毁损、灭失或者被征收等，担保物权人可以就获得的保险金、赔偿金或者补偿金等优先受偿。被担保债权的履行期限未届满的，也可以提存该保险金、赔偿金或者补偿金等。"故对轿车2被撞毁后所获得的90万元保险赔偿金，乙银行可优先受偿。

引例2：

（1）李某某的抵押权成立。一方面，《民法典》第403条规定："以动产抵押的，抵押权自抵押合同生效时设立；未经登记，不得对抗善意第三人。"故李某某对涉案车辆的抵押权设立，但因未登记而不能对抗善意第三人。另一方面，《民法典》第429条规定："质权自出质人交付质押财产时设立。"由于涉案车辆已于签订质押协议时交付贾某某，故贾某某取得了涉案车辆的质权。其所拿到的车辆行驶证虽系伪造，但因法律要求交付的只是质押财产本身，并未要求交付有关的权利证明，故并不影响该质权的效力。

（2）首先，李某某对涉案车辆的抵押权虽已设立，但因未办理抵押登记，根据《民法典》第403条的规定，未经登记，不能对抗善意第三人。其次，贾某某对涉案车辆的质权虽已设立，但根据《民法典》第225条规定，船舶、航空器和机动车等的物权的设立、变更、转让和消灭，未经登记，不得对抗善意第三人。因此，涉及上述特殊动产的物权变动，包括所有权、用益物权和担保物权的变动，亦采取登记对抗主义规则。故贾某某的质权亦不能对抗善意第三人。

可见本案中，李某某对涉案车辆的抵押权和贾某某对涉案车辆的质权均已有效地设立，但依法均无对抗善意第三人的效力，故无法适用《民法典》第415条确立的规则进行清偿（即同一财产既设立抵押权又设立质权的，拍卖、变卖该财产所得的价款按照登记、交付的时间先后确定清偿顺序）。同时因李某某对涉案车辆的抵押权无法对抗贾某某对涉案车辆的质权，故其与陈某某的和解协议显然就侵害了贾某某的质权，法院的强制执行也就失去了依据，贾某某的执行异议应获得支持。

本案中，因李某某与贾某某的担保物权均无法对抗对方，故双方应就涉案车辆的价值按各自的债权比例平等受偿。

相关法律

《民法典》第390条、第405条、第406条

思考与练习

一、简答题

1. 担保物权与用益物权的区别和联系是什么？

2. 简述抵押权设立与实现的规则。

3. 简述质权的类型及设立方式。

4. 留置权的成立需要具备哪些条件？

二、案例分析

1. 冯某系养鸡专业户，为改建鸡舍和引进良种需资金20万元。冯某向陈某借款

10万元，以自己的一套价值10万元的音响设备作抵押，双方立有抵押字据，但未办理登记。冯某又向朱某借款10万元，又以该设备作质押，双方立有质押字据，并将设备交付朱占有。冯某得款后，改造了鸡舍，且与县良种站签订了良种鸡引进合同。合同约定良种鸡款共计2万元，冯预某付定金4千元，违约金按合同总额的10%计算，冯某以销售肉鸡的款项偿还良种站的货款。合同没有明确约定合同的履行地点。后县良种站将良种鸡送交冯某，要求支付运费，冯某拒绝。后因发生不可抗力事件，冯某预计的收入落空，冯因不能及时偿还借款和支付货款而与陈某、朱某及县良种站发生纠纷。三债权人分别向冯某所在地法院提起诉讼，法院决定合并审理。法院经审理查证上述事实后又查明：朱某在占有该设备期间，不慎将该设备损坏，送蒋某修理。朱某无力支付修理费1万元，该设备现已被蒋某留置。请就本案案情分析：

（1）冯某与陈某之间的抵押关系是否有效？为什么？

（2）冯某与朱某之间的质押关系是否有效？为什么？

（3）朱某与蒋某之间是何种法律关系？

（4）陈某要求对该音响设备行使抵押权，蒋某要求行使留置权，此时应由谁优先行使其权利？为什么？

（5）冯某无力支付县良种站的货款，合同中规定的定金条款和违约金条款可否同时适用？为什么？

（6）县良种站要求冯某支付送鸡运费，该请求应否支持？为什么？

（7）冯某对县良种站提出不可抗力的免责抗辩，能否成立？为什么？

2. 甲与乙是生意上的合作关系，甲长期向乙供货。2007年10月3日，甲因为资金周转不灵，遂分别以其价值800万元的临街铺面8间和其机器设备、生产资料等抵押给银行，经过评估，银行借款1200万元给甲。同时，甲又通过乙认识了丙，丙答应借款200万元给甲，但要求乙做保证人，乙应允。但到签订合同时，乙反悔不愿意在合同上作为保证人签字，丙非常气愤，但是由于各种手续已经办好，就默认了此事实，并当场要求乙可以不提供保证，甲事后需另行提供担保。请就本案案情分析：

（1）甲向银行设定的为何种担保权利？

（2）甲将机器设备抵押给银行后，可否将该设备租赁给他人？

（3）假如甲不能按时返还丙的借款，乙是否需要承担保证责任？

（4）假如甲后来将自己的一辆轿车出质给丙作为担保，约定如果甲不能还款，该车就归丙所有。甲为该车购买了保险。双方于10月20日签订质押合同，甲于10月23日将轿车交付给丙，那么，甲、丙之间的质押合同何时生效？质押权何时设立？甲和丙所签订的质押合同是否有瑕疵？

（5）假如在机器设备抵押期间，因为雷电导致厂房起火，机器设备毁损，那么银行是否有权要求甲另行提供担保？

（6）在第4题中，假如甲向丙提供质押的轿车被盗，那么丙的质权是否随之丧失？

单元
五

占有

知识目标

了解占有制度在整个物权体系中的地位和作用，以及物权法上规定占有制度的原因；理解占有的概念、特征、分类和性质；掌握占有的效力和保护、占有的取得、变更和消灭。

技能目标

能够准确判断当事人间的法律关系是物权法律关系还是仅仅为占有法律关系，运用占有的基本原理和法律规定来正确处理当事人间的占有关系纠纷。

素质目标

通过对占有内容的学习，理解占有制度在社会主义市场经济顺利运行中的功能和作用，并能运用所学知识处理各种类型的占有纠纷。

引例

1. 甲在生前借用乙的自行车，未及时返还，甲即去世。其继承人丙并不知道甲遗留的自行车系他人的财产，遂作为遗产继承，并在上下班或业余时间使用。1年后，乙要求丙返还自行车，并赔偿因其使用给自行车造成的磨损，丙对此表示拒绝。

问：丙是否应赔偿因其使用给自行车造成的磨损？

2. 甲在草场发现一只走散的绵羊，遂将其领回家中饲养。乙听说此事，找到甲，声称该只绵羊是自己家的，要领回去。甲查问乙家绵羊的特点，发现与他牵回的绵羊没有相似之处后，便拒绝将绵羊交给乙。乙向法院起诉，请求判决甲返还其侵占的绵羊。在法庭上，乙没有提供充足证据证明自己是绵羊的所有权人。乙主张甲应提供其对争议绵羊具有所有权的证据，甲没有予以证明。[1]

问：

(1) 甲对绵羊的占有为何种类型的占有？

(2) 法院应否支持乙的诉讼请求？

---

〔1〕 杨立新：《物权法》，中国人民大学出版社2020年版，第290页。

基本理论

一、占有概述

占有的概念起源于罗马法，并为现代各国民法所确认。一般认为，占有是指民事主体对物在事实上的管领和控制，是主体对于物基于占有的意思进行控制的事实状态。

关于占有的性质，学说上有不同的观点，包括事实说、权利说、权能说。理论界的通说为事实说，即认为占有是对物的一种事实上的支配手段，这种状态可能来源于合法的权利，也可能是占有人通过非法手段而取得对某物的占有，但这种事实上的支配状态本身就构成了一种重要的法律地位。我国《民法典》物权编第五分编规定了占有的规则制度，其立场显然也认为占有是一种法律事实，而非权利。

占有作为《民法典》物权编的一项制度，具有下列特征：①占有以物为客体。占有的客体必须是有体物，包括动产和不动产，无体物或权利之上不能成立占有。②占有表现为对物有事实上的管领力。占有属于人对物的关系，此种关系表现为人对物有事实上的管领力。③占有为一种事实状态。如前所述，通说认为占有是一种客观事实。

按照不同的标准，可以对占有进行不同的分类。在民法理论上，常见的对占有的分类主要有以下类型：

1. 有权占有与无权占有。根据占有是否依据本权而发生，可以把占有分为有权占有与无权占有。有权占有即指有本权的占有。本权既可以是物权如所有权、用益物权等；也可以是债权，如租赁权等。无权占有是指无本权的占有，又称非法占有，是指非依合法原因而取得的占有，如侵占他人财产、偷盗他人财产等。

区分有权占有与无权占有的意义在于：无权占有人在本权人请求返还原物时，有返还的义务。而有权占有人可以拒绝包括所有人在内的本权人的返还请求权。

2. 善意占有与恶意占有。这是根据占有人在主观上的心理状态而对无权占有所作的进一步分类。善意占有是指占有人不知或不应当知道其无占有的权利而进行的占有，如误以为他人遗失之物为抛弃物而为的占有。善意占有还应该包括占有人虽然知道自己没有占有的权利，但主观上是为了权利人的利益不受损害而为的占有，如暂时收留他人走丢的耕牛。恶意占有是占有人知道或应当知道其无占有的权利而进行的占有，如小偷对盗窃之物的占有，或者以极低的价格购买所得之物（对物的正当性应有合理的怀疑）。

区分善意占有与恶意占有的意义在于：①能否适用于善意取得制度。②取得时效不同。例如，在台湾地区"民法典"中，不动产的取得时效为 20 年，但如果占有人是善意无过失的，不动产的取得时效为 10 年。③占有人返还责任、占有人收益取得权、占有人费用偿还请求权等权利内容有所不同。[1]

---

〔1〕 王泽鉴：《民法物权》，北京大学出版社 2010 年版，第 429 页。

3. 自主占有与他主占有。依据占有人的意思可以将占有分为自主占有与他主占有。自主占有是指占有人主观上以自己所有的意思而进行的占有，如拾得人以据为己有的意思占有遗失物。他主占有是指主观上不以自己所有的意思而进行的占有，如保管人的占有、承租人的占有等。

区别自主占有与他主占有的意义在于：取得时效中的占有须为自主占有；先占取得的要件应当是自主占有。

4. 直接占有与间接占有。以占有人是否在事实上控制物为标准，可以将占有分为直接占有与间接占有。直接占有是指在事实上对物进行控制。间接占有是指基于一定法律关系，间接占有人对事实上占有物的人（即直接占有人）享有返还请求权，因而间接对物进行管领的占有。例如基于质权、租赁、保管法律关系而占有标的物的质权人、承租人、保管人是直接占有人，而享有返还请求权的出质人、出租人、寄托人为间接占有人。

承认间接占有亦为占有的一种形式，使占有趋于观念化，为替代现实交付的"占有改定"提供了基础。

5. 和平占有与暴力占有。依据占有手段的不同，可以将占有分为和平占有与暴力占有。和平占有是指不以法律禁止的手段取得和维持占有的事实状态，如通过拾得遗失物而占有他人之物。暴力占有是指以法律禁止的手段为占有，如抢夺他人财物而为占有。

区分和平占有与暴力占有的意义在于，取得时效中的占有须为和平占有。

6. 公然占有与隐秘占有。以占有的方法为标准，可将占有分为公然占有与隐秘占有。对于物的占有，不故意以避免他人发现的方法为之，为公然占有，反之则为隐秘占有。区分二者的意义在于，取得时效中的占有须为公然占有。

二、占有的效力

（一）权利推定效力

由于通常情形下占有人即为物之合法权利人，因此为了保护交易安全，法律推定物之占有人为物之合法权利人，占有人在占有物上行使某种权利，法律即推定其具有该项合法的权利。第三人主张占有人不是物之合法权利人须负举证责任。这一效力恰与动产物权以占有（交付的本质即为转移占有）为其权利公示方法相吻合。例如，某台电脑的占有人以所有人的名义行使权利时，我们就推定其合法享有所有权，以承租人的名义行使权利时，我们就推定其合法享有租赁权。

须注意的是，对于不动产而言，登记的效力强于占有的效力，即法律推定登记名义人为不动产的合法权利人，而不是推定占有人为合法权利人，但若该不动产未进行登记的，则推定占有人为其合法权利人。

法律之所以赋予占有以权利推定效力，其理由主要有以下几点：

1. 保护占有背后的权利。因外表的现象与实质的内容通常是八九不离十的，占有某物者通常享有其本权，具有权利存在的盖然性，权利的推定因此具有保护占有背后权利的作用。

2. 维持社会秩序。占有的权利推定可以免除占有人举证责任的困难，易于排除侵害，维持财产秩序。例如，对于我们所穿的衣服，所戴的手表，所驾驶的汽车等，若不能推定为我们所有，则他人将任意争执，诉讼不断，危害社会秩序。

3. 促进交易安全。占有的权利，既受推定而产生公信力，使善意信赖占有而进行交易的人可以受到保护，有利于交易的安全。

4. 符合经济原则。权利的推定，不仅有助于保护本权，避免争议，维护社会秩序，促进交易安全，而且也可以减少诉讼，节省资源，发挥物尽其用的作用。[1]

（二）事实推定效力

占有的状态存在多种事实，不同状态的占有效力不同，如果要占有人对占有的各种状态一一予以证明，不仅难以操作，而且会与法律将占有与本权分离进行独立保护以维持社会秩序的目的相悖，因此，许多国家的法律一般都确认占有具有占有状态事实推定的效力。总结各国民法规定可知，这一效力的基本内容是：①在尚未明确占有人的占有状态是自主占有还是他主占有时，推定为自主占有；②在尚未明确占有人是善意占有还是恶意占有时，推定为善意占有；③在尚未明确占有人的占有是否存在强暴、隐秘占有时，推定为和平、公平占有；④在尚未明确占有人的占有是否持续时，只要能证明其为前后两时占有者，推定在其占有为不间断占有。

（三）保护效力

占有作为一种事实状态，体现了既存的社会财产现状。为了维护财产秩序，无论占有是否合法，均不受他人侵害，这是一般公共利益和社会秩序的要求。法律对占有的一般保护，并不是为了寻求对真正的权利人的保护，而是为了制止暴行，维持秩序。即使占有与真正的权利相抵触，是非法占有，也必须由合法占有人依法主张权利，而不能再通过非法行为予以任意剥夺。因此，法律对占有的一般保护，既包括对有权占有人以完全的保护，也包括对无权占有人予以必要的保护。

占有的一般保护的效力体现在两个方面：

1. 占有人的自力救济权。自力救济权包括自力防御权和自力取回权两个方面。前者指占有人对于他人侵夺或妨害占有的行为，有权以自己的力量在正当的限度内进行防御，以维护自己的占有状态。后者指占有物被他人不法侵夺的，占有人可以及时以自己的力量从侵权人处取回占有物。自力防御是对占有的消极维护，而自力取回则是

---

[1] 梁慧星、陈华彬：《物权法》，法律出版社 2010 年版，第 402 页。

对占有的积极维护。

2. 占有人的物上请求权。我国《民法典》第 462 条第 1 款规定："占有的不动产或者动产被侵占的，占有人有权请求返还原物；对妨害占有的行为，占有人有权请求排除妨害或者消除危险；因侵占或者妨害造成损害的，占有人有权请求损害赔偿。"该条确认了占有人享有三种请求权：占有物返还请求权、占有妨害排除请求权、占有妨害防止请求权。该条同时规定了占有人享有返还原物的请求权，自侵占发生之日起 1 年内未行使的，该请求权消灭。这说明占有保护请求权的性质与物权请求权的性质有所不同，占有人的权利较弱，法律给予其的是一种临时性的保护措施。

（四）无权占有的效力

无权占有的占有人通常不得对抗财产的合法权利人。但在无权占有中，依据善意占有和恶意占有的不同，在原权利人与占有人之间的利益分配与保护方面有所不同。

1. 善意占有的效力。善意占有效力的内容有：

（1）动产的善意取得效力。即受让人从无处分权人处受让动产时，如受让人为善意，即使让与人无让与的权利，在一定条件下，受让人也能取得该动产的所有权，从而可拒绝向原所有人返还财产。

（2）善意占有人因完成取得时效而取得所有权或者其他物权。目前我国法律尚不承认取得时效制度。

（3）善意占有人的费用求偿权。《民法典》第 460 条规定："不动产或者动产被占有人占有的，权利人可以请求返还原物及其孳息；但是，应当支付善意占有人因维护该不动产或者动产支出的必要费用。"

（4）善意占有人对占有物的使用权利。《民法典》第 459 条规定："占有人因使用占有的不动产或者动产，致使该不动产或者动产受到损害的，恶意占有人应当承担赔偿责任。"故可推知善意占有人有权使用占有物。

（5）善意占有人赔偿责任的限制。《民法典》第 461 条规定："占有的不动产或者动产毁损、灭失，该不动产或者动产的权利人请求赔偿的，占有人应当将因毁损、灭失取得的保险金、赔偿金或者补偿金等返还给权利人；权利人的损害未得到足够弥补的，恶意占有人还应当赔偿损失。"可见，善意占有人对不可归责于自己的事由致使占有物丧失或毁损的，对物的权利人不负赔偿责任。但善意占有人应当将因毁损、灭失取得的保险金、赔偿金或者补偿金等返还给权利人。

2. 恶意占有的效力。恶意占有人除不具有以上善意占有人的权利之外，根据《民法典》的规定，其还应当赔偿因占有物毁损、灭失而给物的权利人带来的损失。

三、占有的取得与消灭

（一）占有的取得

占有的取得，以是否需要依赖他人既存的占有为依据，可以区分为占有的原始取得与继受取得。

占有的原始取得，是指非基于他人既存之占有而取得的占有，如拾得遗失物、无主物的先占、因盗窃而占有他人之物，因暴力行为而侵占他人之物等。占有的原始取得是典型的事实行为，其既不要求行为具有合法性，也不要求占有人具有行为能力。

占有的继受取得，是指基于他人既存之占有而取得的占有。包括以下两种情形：

1. 占有的移转。所谓占有的移转，是指占有人以法律行为将其占有物交付给他人，从而使他人取得占有。例如，依买卖合同、质权合同、租赁合同、借用合同、保管合同、加工承揽合同等法律行为，将物的占有移转给他人。

2. 占有的继承。所谓占有的继承，是指因继承的原因而取得占有。在继承开始后，继承人当然地取得对继承标的物的占有，这既不以其知道继承事实的发生为必要，也无须其在事实上取得对物的管领力。

规定占有的继受取得的意义主要在于：占有人可以将自己的占有与前占有人的占有相合并而为主张，如主张自己的占有与前占有人的占有相加后完成了取得时效从而取得标的物所有权。

（二）占有的变更

占有的变更，是指在占有的存续过程中占有状态发生的变化。主要包括以下几种情形：

1. 他主占有变更为自主占有。他主占有与自主占有具有不同的法律效力，如只有自主占有人才能主张时效取得。如果占有人的占有在开始时是他主占有，而中途变更为自主占有，则可以从转变之日起计算取得时效。

2. 善意占有变更为恶意占有。善意占有与恶意占有的区分，对于占有人与返还请求权人在费用求偿及损害赔偿等方面的效力具有重要的意义。占有人在开始时不知其占有为无权占有的，乃善意占有；但后来在知道其占有为无权占有之后，仍拒不向权利人为返还的，其占有就转化为恶意占有。

3. 有权占有变更为无权占有。区分有权占有与无权占有的意义在于，占有人能否对抗权利人的返还请求权。例如，承租人在租赁期间的占有为有权占有，得对抗出租人的返还请求权，但若其在租赁期结束后拒不返还租赁物，则其占有就从有权占有变更为无权占有。

（三）占有的消灭

占有的消灭，是指占有人丧失了对物的事实上的管领和控制。占有消灭的原因主要有：

1. 因占有人的意思而消灭。便如，占有人可抛弃对动产的占有，也可移转对标的物的占有。如果占有人仅仅移转直接占有之物，如出租人将标的物交付承租人使用，则其并不丧失占有，而仅是将其占有的形态转变为间接占有。

2. 非因占有人的意思而消灭。占有人对物的管领力也可能由于占有人意志以外的原因而丧失，如占有物被盗、被抢或者遗失。

3. 因其他原因而消灭。例如，占有物本身毁损、灭失的，占有亦归于消灭。

引例分析

引例1：

本案涉及在占有人返还自行车时，是否须对占有期间占有物的损失进行赔偿的问题。在分析占有人是否须对占有期间占有物损失进行赔偿时，我们首先要判断占有人是善意占有还是恶意占有。

在本案中，丙通过继承拥有自行车，并在上下班或业余时间使用，丙对其父甲的自行车实属乙所有的事实是一无所知的，依此可以推知丙是善意占有人。但是，当权利人乙明确告知丙，自行车属于乙，并要求丙返还，丙拒绝返还时，此时丙从善意占有人变更为恶意占有人。

对于乙主张的自行车磨损损失，《民法典》第459条规定："占有人因使用占有的不动产或者动产，致使该不动产或者动产受到损害的；恶意占有人应当承担赔偿责任。"根据该条规定，本案中的丙在乙没有明示其为自行车所有人并要求返还自行车前属于善意占有人，就其使用乙的自行车给自行车造成的磨损，无需向乙承担赔偿责任；但在乙向丙要求返还原物时，丙就从善意占有人转化为恶意占有人，从乙主张权利那刻起，丙应对占有物的磨损向乙承担赔偿责任。

引例2：

在本案中，甲把在草场发现的失散的绵羊领回家中饲养，对绵羊具有事实上的管领力，实际上控制了这只绵羊，构成了法律上的占有。甲对绵羊的占有属于非法占有、无权占有、善意占有、和平占有、公然占有和单独占有。

乙在获悉甲占有该绵羊后，声称该只绵羊是自己家的并主张领回，但没有举出其对该只绵羊享有所有权的充分证据，甲拒绝将绵羊交给乙，是正当行为。当发生诉讼的时候，按照举证责任规则，乙作为原告，应当举证证明自己对争议绵羊享有所有权。但其举证不足，无法证明自己主张的事实。反之，乙让甲提供其对绵兰享有所有权的证据，不符合占有所具有的权利推定功能，亦不符合证据规则的要求。因此，法院应判决驳回乙的诉讼请求。

相关法律

《民法典》第458~462条

思考与练习

一、简答题

1. 物权法为什么要对"占有"单独作出规定？

2. 占有的保护效力体现在哪几方面？

二、案例分析

原告司某某与南屯村村委会签订合同，承包南屯村小学后面的一个面积约 3.5 亩的院落用于商业活动，年租金 500 元，租期 18 年。后被告刘某某未经原告许可，将两堆砖头堆放在原告的场地，原告本已将该场地转租给王某某使用，但由于被告的行为导致原告无法交付场地给王某某。经交涉刘某仍不肯搬走，后经村委会调解无果，原告诉至法院，提出如下诉讼请求：①判令被告停止侵害行为，排除妨害，恢复原貌。②赔偿场地租赁费损失 3000 元。③判令诉讼费用由被告负担。

被告辩称：①原告没有诉讼主体资格。涉案土地是村集体土地，原告没有资格起诉被告。②原告要求被告赔偿没有法律依据。③原告将土地私自对外发包的行为违法，因原告没有资格对外重新发包，该程序违法。

问题：本案中，法院是否应当支持原告的诉讼请求？

拓展阅读

1. 王利明、尹飞、程啸：《中国物权法教程》，人民法院出版社 2007 年版。

2. 梁慧星、陈华彬编著：《物权法》，法律出版社 2003 年版。

3. 史尚宽：《物权法论》，中国政法大学出版社 2000 年版。

4. 关涛主编：《物权法案例教程》，北京大学出版社 2004 年版。

5. 张岚等编著：《律师房地产业务实战百事通》，机械工业出版社 2004 年版。

6. 何欣荣、申黎主编：《物业之争：物业纠纷典型案例评析》，法律出版社 2005 年版。

7. 最高人民法院物权法研究小组编著：《〈中华人民共和国物权法〉条文理解与适用》，人民法院出版社 2007 年版。

8. 刘家安：《物权法论》，中国政法大学出版社 2009 年版。

9. 房绍坤：《物权法的变革与完善》，北京大学出版社 2019 年版。

10. 杨立新：《物权法》，中国人民大学出版社 2020 年版。